前田信弘 著
薄荷 通 作画

マンガで やさしくわかる 簿記入門

Comprehensive Beginner's Guide to Learning Bookkeeping

日本能率協会マネジメントセンター

はじめに

　簿記の知識は、みなさんの仕事や生活に役に立つものです。簿記を知っていると、ビジネスや経済のしくみなども理解しやすくなります。ですから、社会人であれば、ぜひ身につけたい知識といえるでしょう。

　でも、用語が難しい、数字が苦手といった理由で、簿記の学習を始めても、途中で挫折してしまう人は少なくありません。

　そこで本書はそんな人のために、マンガでやさしく簿記の基本を解説しました。マンガのストーリーによって、簿記がより身近に、より具体的にイメージできるようになっています。

　ですから、はじめて簿記を学ぶ人も、途中で挫折してしまった人も、楽しみながら、さくさくと読みすすめることができます。そして、簿記の基本をひととおり理解することができるようになるでしょう。

　本書を通して簿記の知識を身につけ、それをみなさんの仕事や生活で役立たせていただけたら幸いです。

前田　信弘

『マンガでやさしくわかる 簿記入門』 目次

はじめに …………………………………………………………………………… 003

プロローグ　簿記って何？ …………………………………………………… 007

Story 0　信、お店を引き継ぐ

プロローグ 解説

そもそも簿記とは？ …………………………………………………………… 020
単式簿記と複式簿記 …………………………………………………………… 021

第1章　簿記の基本とは？ …………………………………………………… 023

Story 1　恵、信に簿記を教える

第1章 解説

どうして簿記が必要？ ………………………………………………………… 042
簿記はいろいろと役に立つ！ ………………………………………………… 043
ざっくり貸借対照表 …………………………………………………………… 044
資産・負債・純資産（資本） ………………………………………………… 046
ざっくり損益計算書 …………………………………………………………… 049
収益・費用 ……………………………………………………………………… 050
5つのグループに分類して記録 ……………………………………………… 054
会計期間 ………………………………………………………………………… 057

第2章　大事な仕訳のルール ………………………………………………… 059

Story 2　仕訳にチャレンジ！

第2章 解説

仕訳のスタートは分解作業 …………………………………………………… 074

いよいよ簿記の学習がスタートするわよ!!

仕訳のルールを押さえよう！	076
仕訳にチャレンジ！	082
仕訳のあとは転記の作業	088
さまざまな帳簿がある	091
伝票に記入することもある	092
簿記の全体の流れ	093

第3章　商品売買は商売の基本 … 095

Story 3　商品売買はどう処理するの？

第3章　解説

商品売買の処理	110
商品を売上げたとき・仕入れたとき	111
代金後払いの場合（売掛金・買掛金）	114
品違いのとき（返品）	119

第4章　現金預金と手形・有価証券・固定資産 …… 123

Story 4　現金以外の支払方法とは？

第4章　解説

現金と預金	138
小切手って何？	140
手形って何？	145
手形で受け取る・手形で支払う	146
有価証券って何？	151
有価証券の購入	153
固定資産とは？	155
有形固定資産を買ったとき	155
有形固定資産の価値は減っていく	157

第5章 さまざまな取引 165

> Story 5 宮原商店、株式会社になる

第5章 解説

純資産の処理 186
お金を貸したとき・借りたとき（貸付金・借入金） 189
商品以外の代金後払い（未収入金・未払金） 194
手付金を支払ったとき（前払金・前受金） 200
とりあえず概算額を支払ったとき（仮払金・仮受金） 207
さまざまな経費の支払い 213
収益のいろいろ 219

エピローグ ゴールは決算 223

> Story 6 信、恵と一緒に決算書を作る

エピローグ 解説

決算って何？ 232
試算表とは？ 233
試算表の作成 233
決算整理 236
売上原価の計算 236
貸倒引当金 241
費用の前払い・収益の前受け 244
費用の未払い・収益の未収 248
精算表とは？ 251
精算表の記入の流れ 252
貸借対照表と損益計算書 254

おもな勘定科目一覧 258
索引 260

プロローグ

簿記って何？

はじめての 取引

Story 0
信、お店を引き継ぐ

プロローグ 解説
簿記って何？

そもそも簿記とは？

　簿記とは何かをひと言で説明すると、「帳簿に記入すること」となります。帳簿とは、帳面、ノートのようなものですね。そして記入するのは、会社やお店の日々の活動で、具体的にはお金やモノの出入りです。簿記ではこれを**取引**といいます。

　会社やお店は日々、商品を仕入れ、またその商品を販売しています。その活動を帳簿に記入、つまり記録していきますが、一定のルールにしたがって記録していきます。その記録の仕組みや技術が簿記なのです。

会社やお店の日々の活動

仕入れる（購入する）　　販売する
お金が出ていく　　　　　お金が入ってくる

お金やモノの出入りを記録＝簿記

単式簿記と複式簿記

　ところで、簿記にはいくつかの種類があり、その記録の方法によって、**単式簿記**と**複式簿記**に分けられます。

　単式簿記は、家計簿やおこづかい帳のように現金の流れ1つだけを記録していきます。単純に「お金がいくら入ってきて」「お金がいくら出ていった」というようにです。

　これに対して**複式簿記は、1つの取引（日々の活動）を2つの方向からとらえて記録**していきます。

　たとえば、「現金3,000円でイスを購入した」という場合で考えてみましょう。

　まず1つの方向として、

① イスを買ったので**「イスが増えた」**と、とらえることができます。

　もう1つは、

② 現金を支払ったので**「現金が減った」**と、とらえることもできます。

　ですから、この取引は**「イスが増えた」**と**「現金が減った」**という2つの方向からとらえることができるわけです。

　複式簿記では、このように1つの取引を2つの方向から（二

面的に）とらえて記録していきます。

 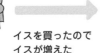

イスを買ったので　　　　　　　現金で支払ったので
イスが増えた　　　　　　　　　現金が減った

　そして、会社で扱うのはこの複式簿記です。単に「簿記」という場合、複式簿記のことを指すことが一般的です。
「取引を2つの方向からとらえて記録する」➡ これについては、あとでさらにくわしく説明していきます。

 1つの取引を2つの方向から……わかったような、わからないような？

 まだわからなくても大丈夫よ。あとでくわしく教えてあげるから！

第 1 章

簿記の基本とは？

Story 1
恵、信に簿記を教える

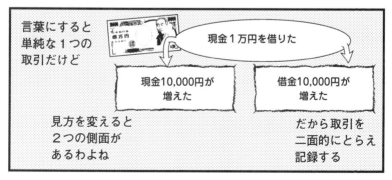

第1章 解説

簿記の基本とは？

どうして簿記が必要？

　簿記は取引を記録することですが、なぜそれが必要なのでしょうか？　それは会社の**もうけや、財産などの状態を明らかにするため**です。

（ココ重要！）

　会社はいくらもうかっているのか、財産がいくらあって、借金がいくらあるのかがわからないと、会社の経営者はどのように経営を行っていけばよいのか判断ができません。

　また、会社のもうけや、財産などの状態がわからなければ、銀行からお金を借りることもできません。

　会社はさまざまな人たちに取り巻かれています。銀行に限らず、それらさまざまな人たちに対しても会社のもうけや、財産などの状態を明らかにしていく義務があります。そのためにも簿記が必要なのです。

簿記はいろいろと役に立つ！

　簿記は、会社の家計簿やおこづかい帳にたとえられます。みなさんは、なぜ家計簿やおこづかい帳をつけるのでしょうか？それは家計の**お金のやりくりに役立つから**です。「今月は出費が多かったから、来月は出費を抑えてもう少し貯蓄にまわさなければ……」というようにです。

　簿記も同じです。「今月は支出が多かったので、来月は抑えよう」「設備を増やしたいので、もっと稼いで貯蓄しなければ……」というように、**会社のお金やモノのやりくりに役立つ**のです。

　また、簿記の知識はみなさんの仕事や生活にも役に立ちます。**会社のお金の流れや処理のしくみを理解すれば、ビジネスのしくみもよくわかるようになります**。簿記を知っていると、さらに、経済のしくみなども理解しやすくなります。

簿記って、いろいろと役に立つんだね。

そうよ。これから私がどんどん教えてあげるわね！

ざっくり貸借対照表

　簿記では取引を一定のルールにしたがって左右に分けて記録していきますが、最終的には会社のもうけや財産などの状態を明らかにするために、その記録を**決算書**という報告書にまとめます。ですから、会社の活動の結果が決算書に示されることになります。

　この決算書にはいくつかの種類がありますが、2本柱として**貸借対照表**と**損益計算書**があります。

ココ重要！

　会社の財産や借金などの状態を**財政状態**といいます。**貸借対照表は会社の一定時点の財政状態を示すものです。つまり、貸借対照表を見れば、会社の財産や借金などの状態がわかる**というわけですね。

　会社の財政状態は、「**資産**」、「**負債**」、「**純資産（資本）**」で表されます。

貸借対照表

資産	金	額	負債及び純資産	金	額
現　　　　金		250,000	支　払　手　形		180,000
当　座　預　金		210,000	買　掛　金		210,000
受　取　手　形	120,000		前　受　金		6,000
貸倒引当金	2,400	117,600	未払法人税等		46,000
売　掛　金	280,000		資　本　金		1,800,000
貸倒引当金	5,600	274,400	繰越利益剰余金		215,000
商　　　　品		140,000			
未　収　収　益		5,000			
貸　付　金		500,000			
建　　　　物	400,000				
減価償却累計額	140,000	260,000			
土　　　　地		700,000			
		2,457,000			2,457,000

一致

損益計算書

費　　用	金	額	収　　益	金	額
売　上　原　価		1,670,000	売　上　高		2,333,000
給　　　料		360,000	受取手数料		18,000
貸倒引当金繰入		5,000	受　取　利　息		5,000
減　価　償　却　費		20,000			
旅費交通費		60,000			
水　道　光　熱　費		42,000			
保　険　料		36,000			
通　信　費		12,000			
支　払　手　数　料		50,000			
法人税、住民税及び事業税		86,000			
当　期　純　利　益		15,000			
		2,356,000			2,356,000

一致

資産・負債・純資産（資本）

資産

資産とは、会社の活動に役立つもの、いわゆる「財産」のことです。ただし、資産と一般的な財産はイコールというわけではありません。

具体的には、**現金**や**預金**、**備品**、**建物**、**自動車**などです。ただし、これら形のあるものだけではなく、**お金を貸したときに生じる権利＝貸付金**なども資産になります。

負債

負債は、借金などのことですが、将来、何らかの支払いをしなければならない義務のことをいいます。たとえば、お金を借りて、**後日返済しなければならない義務＝借入金**、商品を購入して代金後払いの場合の、**後日支払わなければならない義務**などが負債になります。

簡単にいえば、資産は会社やお店にとってプラスの財産というイメージ、負債は会社やお店にとってマイナスの財産というイメージね！

☀️ 純資産（資本）

純資産（資本）は、資産から負債を差し引いた差額で、会社の実質的な財産のことです。純資産については、第5章でくわしく見ていきます。ここでは、会社やお店が活動を行うためには元手となるためのお金などが必要ですが、その元手が純資産（資本）であると理解しておくとよいでしょう。

＊純資産（資本）となっているのは、株主が出資したお金である「資本金」と、会社のもうけが蓄積していったお金である「剰余金」などを「資本」というからです。純資産には「資本」以外のものも含まれていますが、これ以降は「純資産」と呼びます。

いま見てきた資産や負債、純資産が増えたり、また減ったりしたときに簿記では記録していくわけですが、どんな項目が増えたり減ったりしたのかを、だれが見てもわかるように共通の

名称を使って記録します。この共通の名称のことを**勘定科目**といいます。

　たとえば、陳列ケースや事務用机などは「備品」、営業用の自動車は「車両運搬具」というようにです。

　資産・負債・純資産（資本）の主な勘定科目には、次のようなものがあります。

資　産	現　金	紙幣や硬貨など
	貸付金	お金を貸したときの、あとで返してもらえる権利
	売掛金	代金後払いで商品を販売したときの、あとで代金をもらえる権利
	備　品	机、イス、パソコンなど
	建　物	店舗や倉庫など
	車両運搬具	自動車やトラックなど
負　債	借入金	お金を借りたときの、あとで返さなければならない義務
	買掛金	代金後払いで商品を仕入れたときの、あとで代金を支払わなければならない義務
純資産	資本金	元手。株主が出資したお金

☀ 資産・負債・純資産の関係

資産、負債、純資産は「**資産－負債＝純資産**」の関係にあります。

ココ重要!

また、貸借対照表は、左側に**資産**、右側に**負債**と**純資産**の構成になっています。

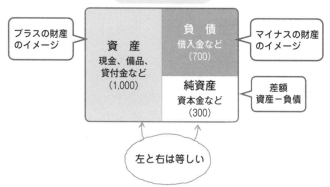

✏ ざっくり損益計算書

会社がどれだけもうけを出したか、または損をしたか、ということを**経営成績**といいます。成績と聞くと通知表などを思い浮かべるかもしれませんが、損益計算書は会社の通知表のよう

なものです。

損益計算書は、会社の一定期間の経営成績を明らかにするために作成される報告書で、損益計算書を見れば、会社がどれだけもうかっているかがわかるというわけですね。

会社の経営成績は、「収益」と「費用」によって表されます。

収益・費用

収 益

収益とは、利益（もうけ）のもとになる収入のことです。商品を販売して得られる収入、つまり「売上」がその代表です。要注意なのは、収入すべてが収益となるわけではない点です。

たとえば、銀行からお金を借りてくると、お金が入ってくるので収入となりますが、収益ではありません。なぜなら、借りたお金は返さなければならないので、利益のもとになっていないからです。

収入と収益は区別して理解しておきましょう。

費用

費用とは、売上などの収益を得るための支出のことです。たとえば、商品を販売して売上を上げるためには、販売するための商品を買ってこなければなりません。販売するための商品を購入することを「**仕入**」といいますが、仕入にかかる代金が費用になります。

また、店舗の家賃や給料、通信費など収益を上げるためにはさまざまな費用が必要です。

なお、支出すべてが費用となるわけではない点にも注意しましょう。たとえば、銀行から借りたお金を返済すると、お金が出ていくので支出となりますが、費用ではありません。なぜなら、お金を返済してもお金が出ていくだけで、収益を得ることになっていないからです。

支出と費用も区別して理解しておきましょう。

収益と費用の主な勘定科目には、次のようなものがあります。

	科目	内容
収益	売上	商品を売ることによって得られるもの
	受取利息	お金を貸した場合に受け取る利息
	受取手数料	取引の仲介（例：物品の売買の仲介）などで受け取る手数料
費用	仕入	商品を仕入れる（購入する）のにかかるもの
	給料	従業員に支払う給料
	旅費交通費	バス・電車賃、タクシー代など
	支払手数料	取引の仲介その他で支払う手数料
	水道光熱費	水道代、電気代、ガス代など
	消耗品費	文房具、コピー用紙などの代金
	通信費	電話代、切手・はがき代など
	支払利息	お金を借りた場合に支払う利息

☀ 収益と費用の関係 ココ重要!

収益と費用は「**収益－費用＝利益**」という関係にあります。つまり、収益から費用を差し引いて求められるのが利益というわけですね。たとえば、売上が2,000円で、仕入ほか費用が1,500円の場合、

　2,000円（収益）－ 1,500円（費用）＝ 500円（利益）

500円が利益で、これが会社のもうけとなります。

損益計算書は、右側に**収益**、左側に**費用**の構成になっています。

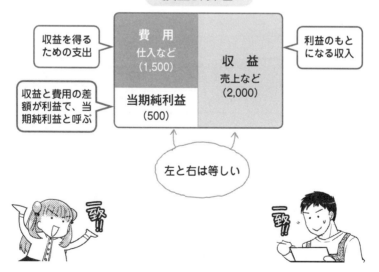

5つのグループに分類して記録

　簿記では、取引（日々の活動）を、これまで見てきた**資産・負債・純資産・収益・費用**の5つのグループに分類して記録していきます。

　記録していく際には、1つの取引を2つの方向から（二面的に）とらえて記録していきます（21ページ参照）。このとき、1つの取引を**左**と**右**に分けていきます。この分解作業を**仕訳**といいます。仕訳については次章でくわしく見ていきます。

左 側（借方）	金　　額	右 側（貸方）	金　　額
備　　　　品	10,000	現　　　　金	10,000

左 側（借方）	金　　額	右 側（貸方）	金　　額
現　　　　金	10,000	借　入　金	10,000

　また、簿記では左側を**借方**、右側を**貸方**と呼びます。

　借方、貸方と聞くと、「何かを借りたり、貸したりするの？」と疑問をもつかもしれません。ですが、「借」「貸」とあるからといって、何かを貸すとか借りるという意味はありません。漢字の意味は考えずに、単純に、簿記では**左＝借方、右＝貸方**と

呼ぶ、と覚えてしまったほうがよいでしょう。

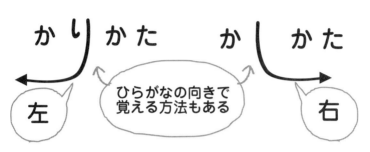

*古くは取引先との貸借関係に利用されたために借方・貸方という用語が発生したが、今日では借方・貸方は単に左側・右側を示すものとなっている。

この5つのグループそれぞれの位置、つまり左にあるのか、右にあるのかを覚えておきましょう。

貸借対照表	損益計算書
資産 / 負債・純資産	費用 / 収益
左　　右	左　　右

 この図をイメージすることができるようになることが大切よ！

> 決算書の5つのグループ

- 左側＝「**資産**」
- 右側＝「**負債**」「**純資産**」

- 「当期純利益（もうけ）」＝「収益」－「費用」

会計期間

損益計算書は、一定期間の経営成績を明らかにしますが、この一定期間のことを**会計期間**といいます。会社がどれだけもうけを出したかを計算する場合、会社はずっと活動を続けているので、どこかで期間を区切る必要があるわけですね。これが会計期間で、**通常は1年間**です。

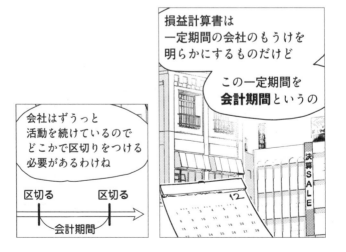

なお、会計期間の初めを**期首**、終わりを**期末**といいます。そして期首から期末（**決算日**とも呼ばれる）までの間を**期中**といいます。

 この先、ずっと店を続けていけるのか……

 もちろん、ずう〜っとよ！　だから期間を区切る必要があるのよ。

第 2 章

大事な仕訳のルール

借方(左側)	貸方(右側)
資産の増加⊕	資産の減少⊖
負債の減少⊖	負債の増加⊕
純資産の減少⊖	純資産の増加⊕
費用の増加⊕	収益の増加⊕

Story 2
仕訳にチャレンジ！

そして いよいよ
仕訳のルール！

資産の主な勘定科目

現　金	お金、通貨
当座預金	商品代金の支払いなどのための預金
建　物	店舗、倉庫などの建築物
土　地	店舗、倉庫などの敷地、駐車場など
備　品	事務用机、コピー機などの物品

たとえば
「**資産**」に属する
勘定科目「**現金**」は

「**資産**」が貸借対照表の
借方（左側）に表示
されるので

資　産	負　債
	純資産

「**現金**」が増えたら
借方（左側）

借り

借　方	貸　方
現金100,000	

貸し

借　方	貸　方
	現金100,000

反対に減ったら
貸方（右側）に
記入するの

「**負債**」「**純資産**」は
貸借対照表の貸方（右側）に
表示されているわよね

資　産	負　債
	純資産

貸し

065

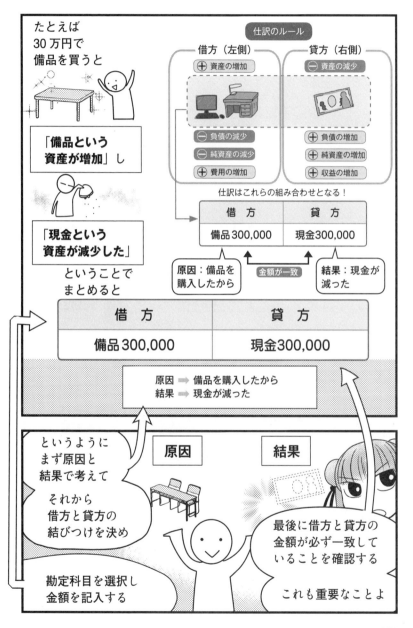

第2章 解説
大事な仕訳のルール

仕訳のスタートは分解作業

　簿記では、「1つの取引を2つの方向からとらえて記録する」とこれまでに何回か説明してきましたが、簿記の入門ではここがもっとも大事です。そして、つまずきやすいところでもあるので、あらためて解説していきましょう。

「現金10,000円でテーブルを購入した」というケースで考えていきます。

　この取引を2つの方向から（二面的に）見ていくと、テーブルを購入したので「**テーブル10,000円が増えた**」ととらえることができるし、現金で購入したので、現金を支払い「**現金10,000円が減った**」ともとらえることができます。

 たしかに、1つの取引を、「テーブルが増えた」と、「現金が減った」の2つの方向からとらえることができるね。

 このように、2つの方向からとらえることは、取引を2つに分けて考えること、ともいえます。

 1つの取引を2つに分けるこの分解作業が、前にもふれた**仕訳**なのです。

 では、「現金10,000円でテーブルを購入した」ケースで話を進めていきましょう。<u>テーブル10,000円の増加、現金10,000円の減少</u>というように、仕訳では1つの取引を**左（借方）**と**右（貸方）**に分けていきます。

 このとき、仕訳では、勘定科目と金額を記入することになっています。テーブルの勘定科目は「**備品**」。現金はそのまま「**現金**」という勘定科目です。ですから仕訳は、次のようになります。

借 方 科 目	金 額	貸 方 科 目	金 額
備　　　品	10,000	現　　　金	10,000

仕訳のルールを押さえよう！

　仕訳は1つの取引を2つに分ける分解作業であることが理解できたところで、次は具体的にどう分けるのかについて見ていきましょう。

　左と右、つまり借方と貸方に分けるには、一定のルールがあります。

　簿記では、取引を**資産・負債・純資産・収益・費用**の5つのグループに分類して記録していくことを覚えていますか？

　資産・負債・純資産は貸借対照表を、収益・費用は損益計算書を構成しています。

　資産は**左（借方）**、負債と純資産は**右（貸方）**に表示されます。そして費用は**左（借方）**、収益は**右（貸方）**に表示されま

す。ここからが大事なルールです。

資産が増えたら**借方**に記入、資産が減ったら逆側の**貸方**に記入します。

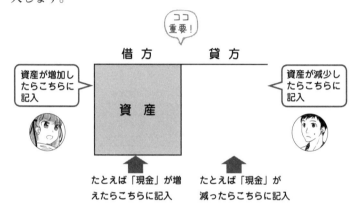

負債・純資産が増えたら**貸方**に記入、負債・純資産が減ったら逆側の**借方**に記入します。

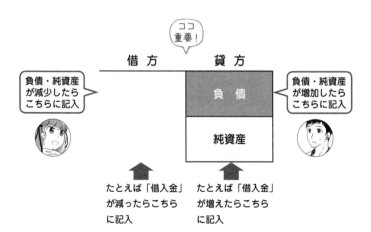

収益が増えたら**貸方**に記入、費用が増えたら**借方**に記入します。

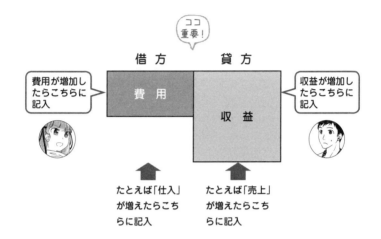

つまり、5つのグループの左右決まった位置から増えたらそのまま、減ったら逆側に記入すると覚えておくとよいでしょう。

いま見てきたルールを図にまとめると、次ページの図のようになります。

仕訳の8つのルール

① 資産が増え(+)たら借方(左)に記入。

② 資産が減(-)ったら貸方(右)に記入。

③ 負債が増え(+)たら貸方(右)に記入。

④ 負債が減(-)ったら借方(左)に記入。

⑤ 純資産が増え(+)たら貸方(右)に記入。

⑥ 純資産が減(-)ったら借方(左)に記入。

⑦ 収益が増え(+)たら貸方(右)に記入。

⑧ 費用が増え(+)たら借方(左)に記入。

借方（左側）	貸方（右側）
資産の増加 ⊕	資産の減少 ⊖
負債の減少 ⊖	負債の増加 ⊕
純資産の減少 ⊖	純資産の増加 ⊕
費用の増加 ⊕	収益の増加 ⊕

図にするとこうなるわけか。

そう。ここが重要なところよ！

この図の借方と貸方の結びつき、たとえば、

借方「資産の増加」・・・**貸方**「資産の減少」

借方「資産の増加」・・・**貸方**「収益の増加」

借方「費用の増加」・・・貸方「資産の減少」

のように、すべての取引がこのような結びつきのルールで整理できるようになっています。

つまり仕訳は、**借方（左側）**4つのどれかと、**貸方（右側）**4つのどれかの組み合わせになるというわけですね（80ページの図参照）。

では、先ほどの「現金10,000円でテーブルを購入した」というケースはどの組み合わせになるでしょうか？

このケースでは、「テーブルという**資産**の**増加**」と「現金という**資産**の**減少**」という結びつきになります。

この組み合わせになるよ。

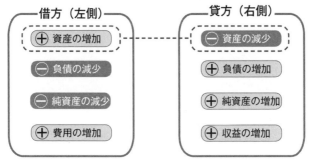

なるほど〜、だから備品が左で、現金が右になるんだ！

さきほど見たこの仕訳です。

借方科目	金　　額	貸方科目	金　　額
備　　品	10,000	現　　金	10,000

　ここで注意しなければならないのは、借方と貸方の金額が一致するという点です。借方または貸方に2つ以上の勘定科目を記入することもありますが、借方の合計金額と貸方の合計金額は必ず一致します。

　これまで見てきた仕訳のルールを覚えて、仕訳をマスターしていきましょう。

仕訳は簿記の基本、かつ、とても重要。仕訳のルールを覚えるのよ！

仕訳にチャレンジ！

　ここからは具体的な例を通して、いくつかの仕訳のパターンを見ていきましょう。
　まずは、次のような場合です。

例 01 商品 10,000 円を売上げ、代金は現金で受け取った。

この取引は、

① 「商品を売上げ」→ 売上げ = **売上**《収益の増加》

② 「現金で受け取った」→ 現金が増える = **現金**《資産の増加》

と分解することができます。ですから、次の組み合わせになります。

この取引はこの組み合わせよ。

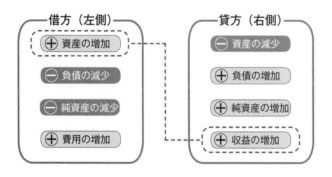

売上を増やして、現金も増やすってことだね。

「売上という収益」が増えたので貸方に**売上**、「現金という資産」が増えたので借方に**現金**を記入します。

借 方 科 目	金　　額	貸 方 科 目	金　　額
現　　　金	10,000	売　　　上	10,000

資産の増加　　　　　　　　　　収益の増加

それでは、次の場合はどうなるでしょう？

例 02　現金 100,000 円を銀行から借り入れた。

この取引は、

① 「借り入れた」→借入金が増える＝**借入金《負債の増加》**

② 「現金 100,000 円を～」→現金が増える＝**現金《資産の増加》**

と分解することができるので、次の組み合わせになります。

次はこの組み合わせよ。

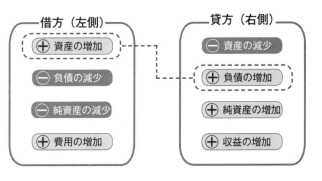

借入金を増やして、現金も増やすって仕訳になるわけだね。

「借入金という負債」が増えたので貸方に**借入金**、「現金という資産」が増えたので借方に**現金**を記入します。

借方科目	金　額	貸方科目	金　額
現　　金	100,000	借　入　金	100,000

資産の増加 / 負債の増加

つづいて、次の場合はどうなるでしょう？

例 03　借入金 100,000 円を利息 1,000 円とともに現金で返済した。

この取引は、

①「借入金 100,000 円〜返済した」→借入金が減る＝**借入金**《**負債の減少**》

②「利息 1,000 円とともに」→利息を支払う＝**支払利息**《**費用の増加**》

③「現金で返済した」→現金が減る＝**現金**《**資産の減少**》

と3つに分解することができます。ですから、次の組み合わせになります。

借方、貸方が複数になることもあるのよ。

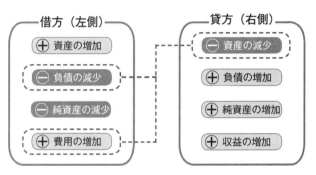

3つに分解するパターンもあるのか。

「借入金という負債」が減り、「支払利息という費用」が増えたので借方に**借入金**と**支払利息**、「現金という資産」が減ったので貸方に**現金**を記入します。

（負債の減少）　　　　　　　　　　（資産の減少）

借 方 科 目	金　　額	貸 方 科 目	金　　額
借　入　金	100,000	現　　　金	101,000
支 払 利 息	1,000		

（費用の増加）　　　借方の合計金額と貸方の合計金額は必ず一致する

このように勘定科目が3つ以上になることもありますが、同じように仕訳を行います。

左と右、つまり借方と貸方に分けるという段階でつまずく人も多くいます。借方と貸方を反対にしてしまうなどです。

そこで、何といってもこの図を頭に入れておきましょう。

貸借対照表	損益計算書
資産 / 負債・純資産	費用 / 収益

迷ったら、この図に当てはめ、どの組み合わせなのかを考えるのよ！

仕訳のあとは転記の作業

転記とは？

取引が発生したら、仕訳を**仕訳帳**という帳簿に記入していき、次のステップとして、それを**総勘定元帳**に**転記**をしていく作業があります。総勘定元帳とは、現金や借入金といった勘定科目ごとに記録・計算を行うための帳簿のことです。そして、記録の単位は**勘定**といいます。

つまり、**転記は仕訳された各勘定の金額を総勘定元帳の各勘定へ移す作業**なのです。

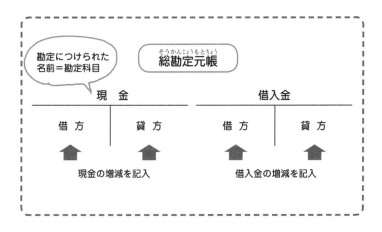

「なぜ転記が必要なの？」と疑問に思う人もいるかもしれません。それは、仕訳だけでは、現時点で現金や借入金などがいくらあるかがわからないからです。ですから、現金や借入金など、勘定科目ごとに金額を把握するための作業である転記が必要になるのです。総勘定元帳を作ることによって、残高などをすぐに確認できるようになるのです。

仕訳だけじゃなくて、転記という作業も必要なんだね。

転記は、勘定科目ごとに金額を把握するために必要な作業よ。

転記のしかた

転記は、借方に仕訳された勘定科目はその勘定の借方に記入し、貸方に仕訳された勘定科目はその勘定の貸方に記入します。**通常記入するのは「日付」、「相手勘定科目」、「金額」です。**

相手勘定科目とは、仕訳の相手（反対側の）勘定科目のことで、借方の場合は貸方の勘定科目、貸方の場合は借方の勘定科目のことです。

```
                        現  金

  日付  相手勘定科目  金額  日付  相手勘定科目  金額
```

具体例で、どのように転記するのかを見ていきましょう。

4月1日　現金100,000円を銀行から借り入れた。

この取引の仕訳は次のようになります（85ページの仕訳）。

借 方 科 目	金 　 額	貸 方 科 目	金 　 額
現　　　金	100,000	借　入　金	100,000

資産の増加　　　　　　　　　　　負債の増加

　それでは、この取引を転記してみましょう（右ページ上の図参照）。

　仕訳の借方科目である「現金」は、現金の借方側に日付と相手勘定科目である「借入金」、金額を記入します。

　仕訳の貸方科目である「借入金」は、借入金の貸方側に日付と相手勘定科目である「現金」、金額を記入します。

　このように転記をすることによって、現金や借入金の残高がすぐにわかるようになるのよ。

さまざまな帳簿がある

　いま仕訳帳に仕訳を記入し、それを総勘定元帳に転記するという流れを見てきました。仕訳帳や総勘定元帳は帳簿ですが、帳簿にはいくつもの種類があり、大きく**主要簿**と**補助簿**に分けることができます。主要簿とは、必ず作成しなければならない帳簿で、**仕訳帳**と**総勘定元帳**の2つがあります。

　補助簿は特定の取引や勘定科目について、その明細を記録する帳簿で、必要に応じて作成します。補助簿には、現金の出入りの状況を記入する**現金出納帳**、仕入に関する取引を記入する**仕入帳**、売上に関する取引を記入する**売上帳**、商品の状況を記入する**商品有高帳**などさまざまなものがあります。

伝票に記入することもある

　取引が発生したら仕訳帳に仕訳を記入しますが、仕訳帳の代わりに**伝票**を用いる場合があります。

　仕訳帳はノートのようなものですが、ノートの代わりに1枚ずつ紙に記入することがあり、このときに記入する紙片を伝票といいます。この伝票を用いる方法が一般的です。

　伝票を用いる場合には仕訳帳に記入する代わりに伝票に記入し、伝票から総勘定元帳に転記します。

仕　　訳　　帳

○ 年		摘　　要	元丁	借　方	貸　方
4	1	（　現　金　）	1	20,000	
		（　売　上　）	30		20,000

入 金 伝 票
○年4月1日

科　目	金　額
売　上	20,000

簿記の全体の流れ

　これまで、取引の仕訳から総勘定元帳への転記までを見てきました。

　総勘定元帳への転記については、転記作業にミスがないかどうか**試算表**を作成してチェックします。試算表は、総勘定元帳の記入が正しく行われたかどうかを確かめるために作成する表のことで、月末や期末などに必要に応じて作成します。

　そして期末になると、**決算**をもって簿記の手続きは終わります。簿記は取引を仕訳するところから始まって決算で終わる、この一連の手続き、簿記の全体の流れを押さえておきましょう。

簿記の全体の流れ

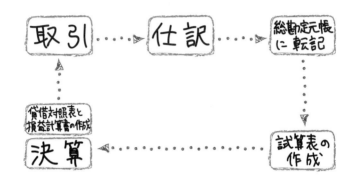

 簿記全体の流れを押さえておくといいわよ！

次の章からは、さまざまなケースの取引が登場します。それら取引を通して仕訳のルール、どの勘定科目が5つのグループのどれに属するのかを押さえていきましょう。

 だんだん難しくなっていくのかなあ……。

 大丈夫よ。私が何度でも教えてあげるから！

第 3 章

商品売買は商売の基本

仕入れて売る！

Story 3
商品売買は
どう処理するの？

フー

これで伝票類の
整理はいったん終了ね

でも あちこち
抜けていたり
計算合わなかったり
ずさんな経営だったのね

はぁ～

まあ 源じいはひとりで
それどころでは
なかったのでしょうけど

これからはきちんと
やっていくよ！

ところで
思ったんだけど

この店 取り扱っている
モノも多いし 無駄も多い

近隣のお年寄りの
ヘルプステーションに
なっているけど

あまりお金をとって
いなかったりするので
収支はギリギリ

すみません
もう少し待って下さい

いいよ
いいよ

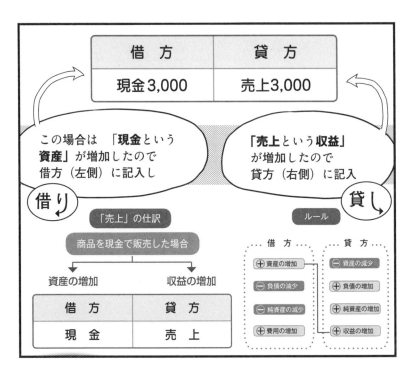

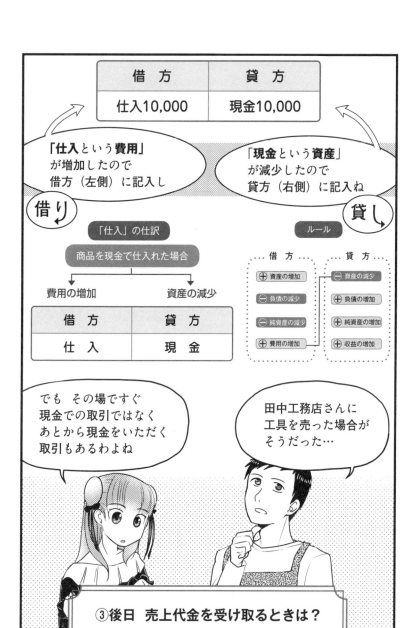

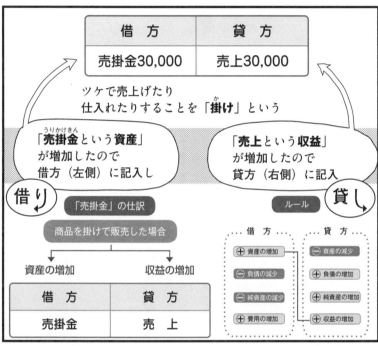

⑤ 売掛金の回収・買掛金の支払いは？

「売掛金 30,000 円を現金で回収した」

先日の工具の代金の 30,000 円 もって来たよ

ありがとう ございます

借り　／　貸し

借　方	貸　方
現金30,000	売掛金30,000

「**現金という資産**」が増加したので借方（左側）に記入し

「**売掛金という資産**」が減少したので貸方（右側）に記入

「買掛金 10,000 円を現金で支払った」

やあ 近くに来たから寄ったよ

この間の仕入れの代金もらっていくよ

ありがとう ございます 10,000円

じゃあ たしかに！

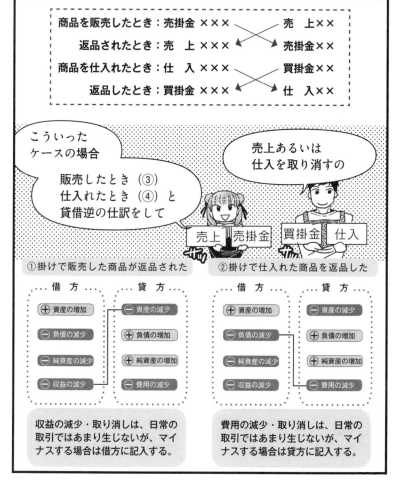

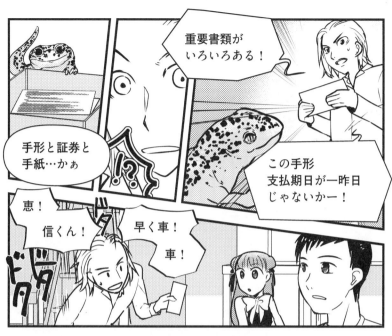

第3章 解説
商品売買は商売の基本

📝 商品売買の処理

　商品売買は商売の基本といえます。ここでは商品を売ったり、買ったり（仕入れたり）した場合の処理について見ていきましょう。

> 　宮原商店は、店に来るお客さんや田中工務店などに商品を販売しています。その商品を仕入先の井上農園や大黒物産などから仕入れています。

　商品（お店・会社の売り物）を販売することを**売上げ**、商品を買ってくることを**仕入れ**といいます。そして、販売したときの金額を**売価**といい、仕入れたときの金額を**原価**といいます。
　なお、商品を売上げた相手先のことを得意先、商品を仕入れてきた相手先のことを仕入先といいます。

商品を売上げたとき・仕入れたとき

売上げたとき

　商品を売上げたときは、「**売上という収益**」を増やす処理をします。

> **例 04**　宮原商店は商品 20,000 円を売上げ、代金は現金で受け取った。

借方科目	金　額	貸方科目	金　額
現　　金	20,000	売　　上	20,000

　　　資産の増加　　　　　　　　収益の増加

「売上という収益」が増えたので貸方に**売上**、「現金という資産」が増えたので借方に**現金**を記入します。

前にも見た、売上を増やして、現金も増やすというパターンだね。

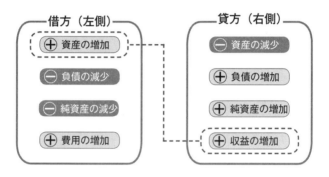

前にも出てきたこの組み合わせになるわよ。

仕入れたとき

商品を仕入れたときは、「**仕入という費用」を増やす処理**をします。

例 05 宮原商店は商品 10,000 円を仕入れ、代金は現金で支払った。

借　方　科　目	金　　額	貸　方　科　目	金　　額
仕　　　　　入	10,000	現　　　　　金	10,000

費用の増加　　　　　　　　　　資産の減少

「仕入という費用」が増加したので借方に**仕入**、「現金という資産」が減ったので貸方に**現金**を記入します。

今度はこの組み合わせよ。

 仕入を増やして、現金を減らすって仕訳だね。

代金後払いの場合（売掛金・買掛金）

　宮原商店では代金をあとで受け取る約束で商品を販売することがあります。また、大黒物産からいつも商品を仕入れていますが、仕入れるたびに代金を支払うのは面倒なので、後日まとめて支払うことがあります。

　取引の中には、**商品の代金を後日受け取ったり、支払ったりすることを約束して商品の売買をすること**もあります。そういった取引を**掛け取引**といいます。

　毎日のように同じ商店から商品を仕入れている場合、商品を仕入れるたびに現金で代金を支払うのは、買うほうも売るほうも手間がかかります。そこで、一定期間の仕入代金は、あとでまとめて支払うことにして、お互いの手間を省くというわけですね。

代金は後日支払い　　代金は後日受取り

> 毎日代金のやり取りをするのは面倒。あとでまとめて支払ったり、受け取ったりしたほうが楽よ。

売掛金 〈ココ重要!〉

商品を掛けで売上げた場合は、後日代金を受け取る権利が生じます。**この権利は「売掛金」(資産) で処理します。**

後日、掛け代金を回収したときは、**売掛金**(資産)を減らす処理をします。

> **例 06** 宮原商店は商品 20,000 円を売上げ、代金は掛けとした。

借方科目	金　額	貸方科目	金　額
売　掛　金	20,000	売　　上	20,000

（資産の増加）　　　　　　　（収益の増加）

「売上という収益」が増えたので貸方に**売上**、「売掛金という資産」が増えたので借方に**売掛金**を記入します。

現金で販売した場合と同じ組み合わせよ。

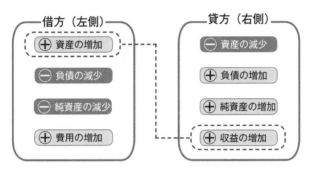

現金の代わりに売掛金を増やすわけだね。

例 07 宮原商店は売掛金 20,000 円を現金で回収した。

借方科目	金　額	貸方科目	金　額
現　　金	20,000	売　掛　金	20,000

資産の増加　　　　　　　　　　資産の減少　　売掛金を減らす

「売掛金という資産」が減ったので貸方に**売掛金**、「現金という資産」が増えたので借方に**現金**を記入します。

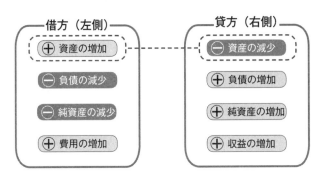

> 売掛金を回収したから売掛金を減らして、現金を増やすって仕訳になるんだね。

 買掛金

　商品を掛けで仕入れた場合、後日代金を支払う義務が生じます。**この義務は「買掛金」(負債) で処理**します。

　後日、掛け代金を支払ったときは、**買掛金**（負債）を減らす処理をします。

> **例08** 宮原商店は商品 10,000 円を仕入れ、代金は掛けとした。

借方科目	金　　額	貸方科目	金　　額
仕　　入	10,000	買　掛　金	10,000

費用の増加　　　　　　　　負債の増加

「仕入という費用」が増えたので借方に**仕入**、「買掛金という負債」が増えたので貸方に**買掛金**を記入します。

掛けで仕入れた場合はこの組み合わせよ。現金を減らす代わりに買掛金を増やすの。

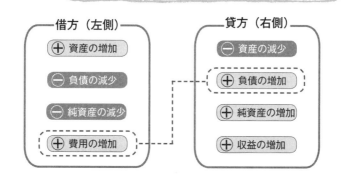

例 09　宮原商店は買掛金 10,000 円を現金で支払った。

借方科目	金　　額	貸方科目	金　　額
買　掛　金	10,000	現　　金	10,000

負債の減少　　買掛金を減らす　　資産の減少

「買掛金という負債」が減ったので借方に**買掛金**、「現金という資産」が減ったので貸方に**現金**を記入します。

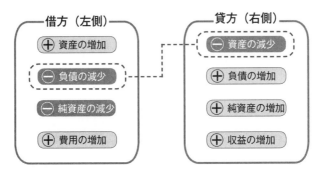

買掛金を支払ったから買掛金を減らして、現金も減らすって仕訳になるんだね。

品違いのとき（返品）

　宮原商店は大黒物産から商品を仕入れています。ある日、仕入れた商品をチェックしていると、注文したものと違う品が入っていました。そこで品違いの商品を大黒物産に戻しました。

商品の品違いや商品に汚れ・傷があった場合に、得意先から商品が戻ってきたり、仕入先に商品を戻したりすることがあります。これを返品（へんぴん）といいます。

返品されたとき

　売上げた商品が返品されたときは、いったん計上した**売上（収益）を取り消す処理**を行います。代金は通常、売掛金と相殺（そうさい）、つまり差し引いて処理をします。具体的には、返品された分だけ**貸借逆の仕訳**を行います。貸借逆の仕訳とは、売上げたときの仕訳の借方の勘定科目と貸方の勘定科目を反対にした仕訳のことです。

＊仕訳を取り消すときには、貸借逆の仕訳を行う。

> 例10　掛けで売上げた商品のうち、5,000円が品違いのために返品された。

借 方 科 目	金 額	貸 方 科 目	金 額
売 上	5,000	売 掛 金	5,000

収益の減少

資産の減少

売上げたとき（115ページ）と貸借逆の仕訳

120

「売上という収益」が減ったので借方に**売上**、「売掛金という資産」が減ったので貸方に**売掛金**を記入します。

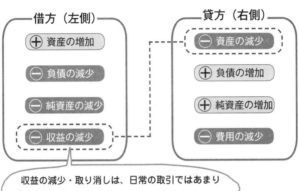

収益の減少・取り消しは、日常の取引ではあまり生じないが、マイナスするときは借方に記入する

売上を減らし、売掛金も減らすという仕訳になるのか。

返品したとき

仕入れた商品を返品したときは、いったん計上した**仕入（費用）を取り消す処理**を行います。

代金は通常、買掛金と相殺、つまり差し引いて処理するので、売上げた商品が返品されたときと同じように、返品した分だけ**貸借逆の仕訳**を行います。

例11 掛けで仕入れた商品のうち、3,000円を品違いのため返品した。

借方科目	金　額	貸方科目	金　額
買　掛　金	3,000	仕　　　入	3,000

（負債の減少）　　　　　　　　　（費用の減少）　仕入れたとき（118ページ）と貸借逆の仕訳

「仕入という費用」が減ったので貸方に**仕入**、「買掛金という負債」が減ったので借方に**買掛金**を記入します。

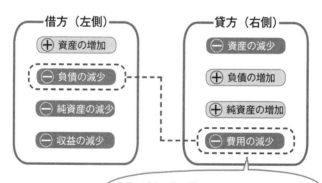

費用の減少・取り消しは、日常の取引ではあまり生じないが、マイナスするときは貸方に記入する。

 仕入を減らし、買掛金も減らすという仕訳になるわけだね。

第 4 章

現金預金と手形・有価証券・固定資産

お金と同じ役割のもの
いろいろあるんだなぁ。

Story 4
現金以外の
支払方法とは？

当座預金(とうざよきん)

という無利息の
預金口座を開設する

そして小切手を
振り出した場合は
銀行の当座預金口座から
その金額が
支払われることになるの

つまり 当座預金が
減るってこと？

そのとおり

商品 50,000 円を仕入れ 代金は小切手を振り出して支払った

借　方	貸　方
仕入50,000	当座預金50,000

商品を仕入れ小切手を振り出した場合

↓

借　方	貸　方
仕　入	当座預金

費用の増加　　　　　　　　　　　　　資産の減少

決済手段には

小切手や
郵便為替証書(ゆうびんかわせしょうしょ)

そして
手形なんかが
あるの

手形は
将来の決まった日（期日）に
一定の金額を支払うことを
約束した証券のことで

種類は
約束手形(やくそくてがた)と
為替手形(かわせてがた)の
2つがあるわ

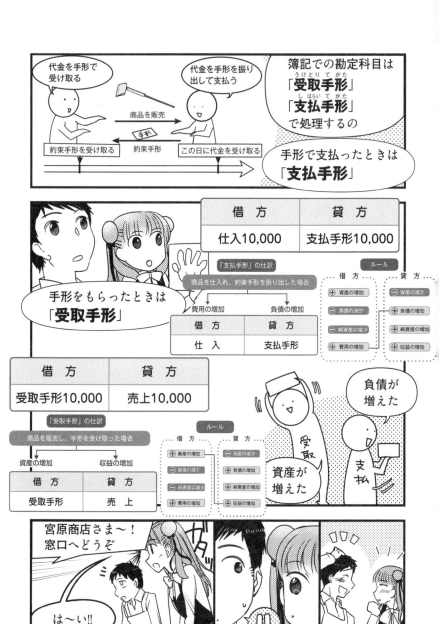

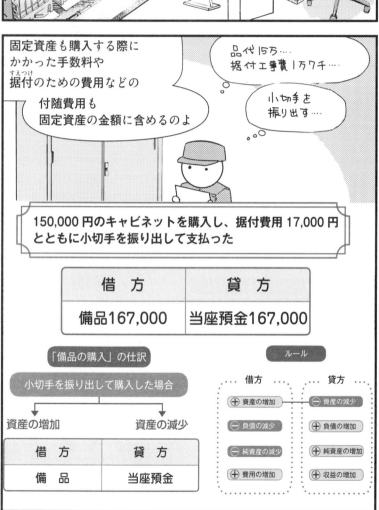

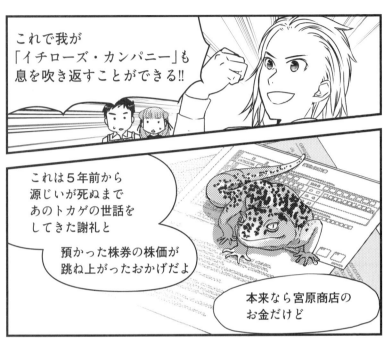

第4章 解説
現金預金と手形・有価証券・固定資産

現金と預金

　現金や預金、そのほかの代金の支払方法（決済の手段）について見ていきましょう。

> 宮原商店は、日々現金のやり取りをしていますが、電気代や電話代などの支払いは預金口座からの引落しになっています。そこで、それらの支払いに備えて預金口座に現金を預けるようにしています。

現　金

　まずは現金です。現金の仕訳は、これまでに何度か出てきたので、もう覚えましたか？　現金は資産なので、**現金が増えたら借方、現金が減ったら貸方に記入**します。
　現金は左手で受け取って、右手で支払うと考えるとわかりやすいかもしれません。

現金が入ってくる取引は
左：借方に記入

現金が出ていく取引は
右：貸方に記入

＊簿記では通貨以外にも現金として扱うものがあります。次のようなものは、銀行などですぐにお金に交換できるので、簿記では現金と同じように扱います（これらを**通貨代用証券**という）。
・他人振り出しの小切手　・郵便為替証書　・配当金領収証など

預 金

預金とは、銀行などの金融機関に現金を預け入れたものです。預金には**普通預金**、**定期預金**、**当座預金**などの種類があり、それぞれの勘定科目（資産）で処理します。

例12　宮原商店は現金 10,000 円を普通預金口座に預け入れた。

借 方 科 目	金　　額	貸 方 科 目	金　　額
普 通 預 金	10,000	現　　　金	10,000

資産の増加　　　　　　　　　資産の減少

「普通預金という資産」が増えたので借方に**普通預金**、「現金という資産」が減ったので貸方に**現金**記入します。

この組み合わせになるわよ。

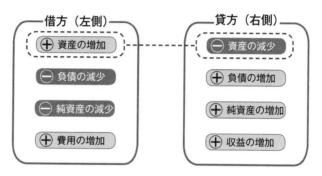

普通預金を増やして、その分、現金を減らすというわけだね。

小切手って何？

宮原商店は田中工務店へ商品を販売した際に、代金を現金ではなく「小切手」で受け取りました。

小切手の受け取り 〈ココ重要!〉

小切手とは、お金の代わりになる紙片のことです。この小切手に金額などを記入して、他人に渡すことを小切手の振り出しといいます。そして、小切手をもらった人は銀行などでお金に換えることができます。だから、簿記では小切手を受け取った場合は、「現金」として扱います。

> **例13** 宮原商店は商品20,000円を売上げ、代金は小切手で受け取った。

借方科目	金　　額	貸方科目	金　　額
現　　金	20,000	売　　上	20,000

- 資産の増加
- 小切手を受け取った場合現金の増加とする
- 収益の増加

「売上という収益」が増えたので貸方に売上、「現金という資産」が増えたので借方に現金を記入します。

小切手を受け取ったときは現金で処理。組み合わせはこうよ。

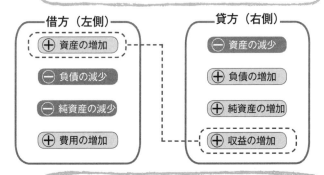

売上を増やして、小切手も……じゃなくて現金も増やす仕訳になるんだね。

小切手の振り出し

宮原商店は小切手を振り出すために当座預金口座を開設しました。そして、仕入代金の一部を小切手を振り出して支払うことにしました。

今度は小切手を振り出す場合です。小切手を振り出した場合は、銀行の当座預金口座からその金額が支払われることになります。

　当座預金とは、小切手の支払いなどのための無利息の預金のことで、商売に使う預金といえます。商売をしていると、毎日多くの取引が発生し、取引の金額も大きくなっていきます。そのたびに多額の現金を用意したり、持ち運んだりすると、盗難や紛失の危険性が高くなります。

　そこで、当座預金口座を作り、小切手を振り出すだけで代金の支払いができるようにするわけですね。

　小切手を振り出したときには、当座預金（資産）を減らす処理を行います。

> 例14　宮原商店は商品 10,000 円を仕入れ、代金は小切手を振り出して支払った。

借方科目	金　　額	貸方科目	金　　額
仕　　入	10,000	当 座 預 金	10,000

（費用の増加）　　　　　　　　　（資産の減少）（当座預金を減らす）

「仕入という費用」が増えたので借方に**仕入**、「当座預金という資産」が減ったので貸方に**当座預金**を記入します。

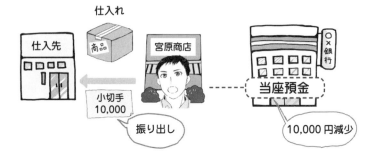

 小切手を振り出したときは当座預金の減少。組み合わせはこうよ。

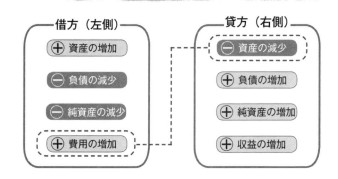

 仕入を増やして、当座預金を減らすって仕訳になるわけだね。

手形って何？

　源じいは、とある会社へ商品を販売した際に、その会社から代金は手形で支払いたいと言われました。2カ月後には現金にすることができるとのことだったので、手形で受け取ることにしていました。

　代金の支払い方法には、現金や小切手のほかに**手形**を用いる方法があります。

　手形とは、ある金額を一定の期日に支払う約束をする証券のことです。証券とは、権利や義務を表す紙片のことです。手形に金額などを記入して相手に渡すことを、小切手と同じように「手形の振り出し」といいます。

　手形には、**約束手形**と**為替手形**がありますが、商品の売買で一般的に使われている約束手形について見ていきましょう。

　約束手形とは、手形の**振出人**（または**支払人**という）が手形代金の**受取人**（または**名宛人**という）に対して一定期日に手形代金を支払うことを約束した証券のことをいいます。

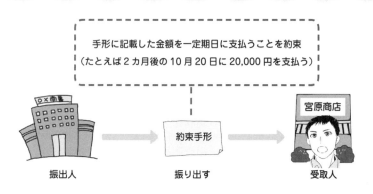

なお、為替手形は手形の振出人が支払人にあてて一定期日に手形代金の支払いを依頼する形式の手形です。

手形で受け取る・手形で支払う

約束手形を受け取った場合は、手形の代金を受け取る権利をもつことになります。この**手形代金を受け取る権利は、「受取手形」（資産）で処理**します。

例15 商品 20,000 円を売上げ、代金は約束手形で受け取った。

借方科目	金　　額	貸方科目	金　　額
受 取 手 形	20,000	売　　　上	20,000

　　　↓　　　　　　　　　　　　　↓
　　資産の増加　　　　　　　　収益の増加

「売上という収益」が増えたので貸方に**売上**、「受取手形という資産」が増えたので借方に**受取手形**を記入します。

勘定科目を「約束手形」としないように注意ね。組み合わせはこうよ。

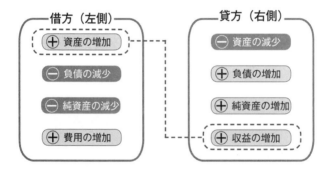

売上を増やして、約束手形……じゃなくて受取手形も増やすって仕訳になるんだね。

支払手形 〈ココ重要!〉

約束手形を振り出すと、手形の代金を支払わなければならない義務を負うことになります。この**手形代金を支払わなければならない義務は、「支払手形」（負債）で処理**します。

> **例16** 商品10,000円を仕入れ、代金は約束手形を振り出して支払った。

借方科目	金　額	貸方科目	金　額
仕　入	10,000	支 払 手 形	10,000

（費用の増加）　　　　　　　　　（負債の増加）

「仕入という費用」が増えたので借方に**仕入**、「支払手形という負債」が増えたので貸方に**支払手形**を記入します。

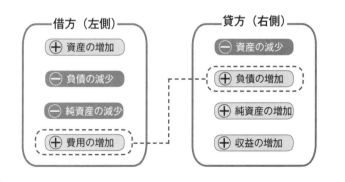

仕入を増やして、支払手形も増やすって仕訳になるわけだね。

手形代金の支払い

約束手形の支払期日には、当座預金口座等を通して手形代金の受け渡しが行われます。

手形代金を受け取ったときの受取人の処理は、**受取手形**（資産）を減らします。そして、手形代金を支払ったときの振出人の処理は、**支払手形**（負債）を減らします。

> **例 17** 受け取っていた約束手形 20,000 円の支払期日となり、当座預口座に入金された。

借 方 科 目	金　　額	貸 方 科 目	金　　額
当 座 預 金	20,000	受 取 手 形	20,000

資産の増加　　　　資産の減少　　受取手形を減らす

手形代金を受取り、「受取手形という資産」が減ったので貸方に**受取手形**、「当座預金という資産」が増えたので借方に**当**

座預金を記入します。

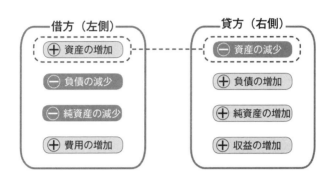

 代金を受け取ったから、受取手形を減らして、当座預金を増やすんだね。

> **例18** 振り出していた約束手形10,000円の支払期日となり、当座預金口座から支払われた。

借方科目	金　　額	貸方科目	金　　額
支払手形	10,000	当座預金	10,000

負債の減少　　支払手形を減らす　　資産の減少

　手形代金を支払い、「支払手形という負債」が減ったので借方に**支払手形**、「当座預金という資産」が減ったので貸方に**当**

座預金を記入します。

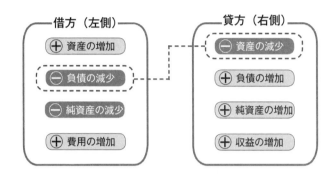

 代金を支払ったから支払手形を減らして、当座預金も減らすって仕訳になるんだね。

有価証券って何？

ここからは、株式などの有価証券と、建物や車などの固定資産について見ていきます。

> 源じいは、ヒョウモンTMの社長のペットを預かることと引き換えに、ヒョウモンTM株式会社の株式（株券）を受け取っていました。

有価証券とは、簡単にいうと、お金に換えることできる証券のことです。文字どおり、「価値の有る証券」というわけですね。

　有価証券には、次の図のように株式や社債、国債などがあります。これらは、株式会社や国などが、資金を集めるために発行するものです。

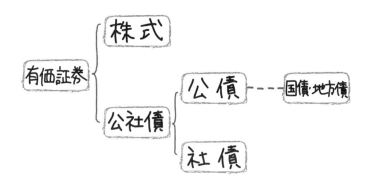

　株式、一般に株といわれているものですが、株式会社が資金を集めるために発行するものです。株式のしくみについては次章でくわしく見ていきます。

　国債は国が発行する有価証券で、地方債は地方公共団体が発行する有価証券です。また、社債は会社が発行する有価証券で、これらをまとめて**公社債**といいます。

　公社債は、国・地方公共団体や会社が、一般の人や会社からお金を借りるために発行する証券のことです。

> 支払った金額=取得原価 となるのよ！

有価証券の購入

有価証券を購入したときは、「**有価証券**」（資産）で処理します。この場合に計上する金額は、有価証券を購入するために支払った金額＝**取得原価**です。有価証券の購入の際には手数料などを支払います。この手数料などを**付随費用**、また、有価証券の価格を**購入代価**といいます。そして、**購入代価と付随費用を合計した金額が取得原価**となります。

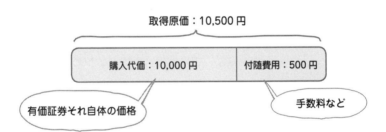

> **例19** ヒョウモンＴＭ株式会社の株式10株を、1株あたり1,000円で購入し、代金は売買手数料500円とともに現金で支払った。

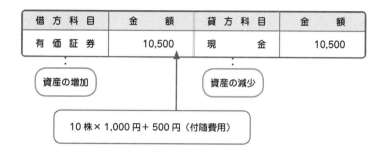

「有価証券という資産」が増えたので借方に**有価証券**、「現金という資産」が減ったので貸方に**現金**を記入します。金額は購入代価 10,000 円（10 株× 1,000 円）に付属費用 500 円を加えた 10,500 円です。

手数料も取得原価に含めるのよ。組み合わせはこうよ。

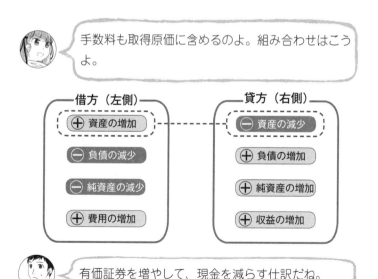

有価証券を増やして、現金を減らす仕訳だね。

固定資産とは?

宮原商店は、商品を保管する倉庫が古くなり、雨漏りするようになったので、倉庫用の小さな建物を購入することにしました。

固定資産とは、会社やお店が活動するために長期にわたって使用される資産のことです。

たとえば、建物、土地、備品(机やイス、OA機器等)、車両運搬具(トラックや乗用車等)などのことです。そして、建物や土地、備品などは形のある固定資産なので有形固定資産といいます。

有形固定資産を買ったとき

有形固定資産を購入したときは、土地、建物、備品、車両運搬具など、該当する勘定科目(資産)で処理します。

このときに計上する金額は、購入するために支払った金額＝取得原価です。取得原価は、有形固定資産それ自体の価格(購

入代価)に、購入手数料や据付費用など購入するためにかかった費用(**付随費用**)を加えた金額になります。

例20 宮原商店は、倉庫用の建物を 200,000 円で購入し、代金は小切手を振出して支払った。なお付随する手数料 10,000 円は現金で支払った。

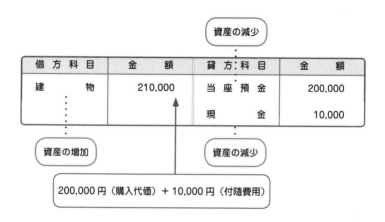

「建物という資産」が増えたので借方に**建物**を記入します。金額は購入代価 200,000 円に付随費用 10,000 円を加えた 210,000 円になります。また、小切手を振り出しているので「当座預金という資産」が減り、「現金という資産」も減っているので、貸方に**当座預金**と**現金**を記入します。

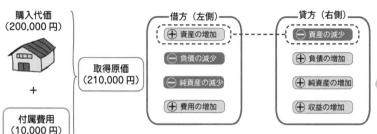

なお、固定資産のうち、目に見えない、形のないものを**無形固定資産**といいます。具体的には、法律上の権利として**特許権**や**商標権**など、また経済的な価値があるものとして**ソフトウェア**などがあります。

有形固定資産の価値は減っていく

宮原商店が以前に使っていた倉庫は購入してから20年以上が経過していました。当初は建物としての価値も高かったのですが、年を重ねるごとにだんだんと古くなり、価値はどんどん下がっていきました。

減価償却とは？ <ココ重要！>

20万円で買った倉庫用の建物。5年後も、10年後も同じように20万円の価値があるでしょうか？

最初こそ20万円の価値があるものの、5年、10年経てば価値は下がります。そして、長期間使っていれば、建物としての価値はなくなっていくでしょう。

このように有形固定資産のなかには少しずつ価値が下がっていくものがあります。建物や自動車など、**毎年少しずつ価値が下がってしまう有形固定資産については、その価値の下がる分を毎年少しずつ費用にしていくことになっています。この手続きを「減価償却」**といいます。

そして、減価償却によって費用として計上される金額を**減価償却費**（費用）といいます。

どんどん価値が下がっていく。その分を費用とする＝減価償却

建物や車は、だんだんと価値が下がっていくから、その価値が減っていく分を費用とするわけだね。

そう、その手続きが減価償却よ。

この減価償却は「決算」で行いますが、ここで見ておくことにしましょう。

減価償却の方法

減価償却費の計算方法にはいくつかありますが、主なものとして**定額法**と**定率法**があります。

定額法とは、固定資産の価値が減っていく分（減価償却費）は毎年同じ金額と仮定して行う計算方法です。

定率法とは、一定の償却率を掛けて減価償却費を計算する方法で、減価償却費が初めに大きく計上され、徐々に減価償却費が減少していくものです。

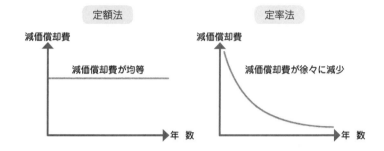

減価償却費は、取得原価に償却率を掛けて計算します。

たとえば、「当期の初め(期首)に備品100,000円を購入し、事業に使用した(耐用年数5年)」というケースでは、

100,000円 × 0.200（償却率）= 20,000円

となります。

＊耐用年数……固定資産の使用可能年数

減価償却の仕訳のしかた

減価償却の仕訳のしかたには、**直接法**と**間接法**の2つがあります。

直接法は、計上した「減価償却費（費用）」と同額だけ、直接固定資産の金額を減らす方法です。

例21 決算において、当期の初め（期首）に購入した備品の減価償却費 20,000 円を計上する（直接法）

借方科目	金　　額	貸方科目	金　　額
減価償却費	20,000	備　　品	20,000

費用の増加　　　　　　　　　　　資産の減少　　備品を減らす

「減価償却費という費用」が増加したので借方に**減価償却費**、「備品という資産」が減ったので貸方に**備品**を記入します。

まずは直接法。組み合わせはこうなるわよ。

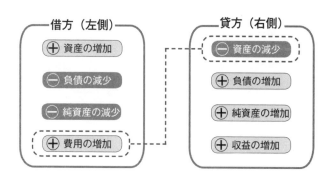

直接、備品という資産を減らす方法だね。

間接法は、固定資産の価値が減った分について、「減価償却費（費用）」を計上するとともに、相手の勘定科目を「減価償却累計額」で処理する方法です。ですから間接法の場合、固定資産を減らす処理をしません。

なお、減価償却累計額は、資産のマイナスを表す勘定科目です。

> **例22** 決算において、当期の初め（期首）に購入した備品の減価償却費 20,000 円を計上する（間接法）。

借方科目	金　　額	貸方科目	金　　額
減価償却費	20,000	減価償却累計額	20,000

（費用の増加）　　　　　　　　　　（資産のマイナス）

「減価償却費という費用」が増加したので借方に**減価償却費**を記入します。相手勘定科目は資産のマイナスを表す**減価償却累計額**を記入します。

次は間接法。組み合わせは次のようになるわよ。

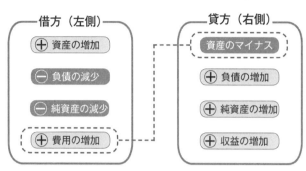

 間接法は、減価償却累計額で処理するわけだね。

仕訳は簿記の基本であり、またとても重要です。早めにマスターしておきたいところです。

たくさんの問題を解くことが、仕訳をマスターするコツといえますが、慣れないうちは取引を見ても、どこからどう手をつけてよいか、わからないのではないでしょうか。

そこで、最初のうちは取引に現金が出ていれば、「**現金**」に注目するとよいでしょう。現金の場合、受け取っていれば**借方**、支払っていれば**貸方**に、まず記入します。そして受け取った、または支払った原因を考え、空いている反対側の勘定科目を記入します。

もし取引に現金が出てこなければ、現金に代わる勘定科目1つに注目します。そして、同じような要領で記入するとわかりやすいでしょう。

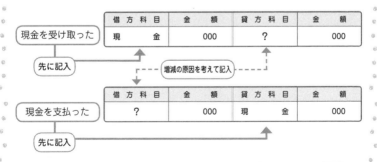

第5章

さまざまな取引

貸付、借入……取引っていろいろあるんだね。

Story 5
宮原商店、株式会社になる

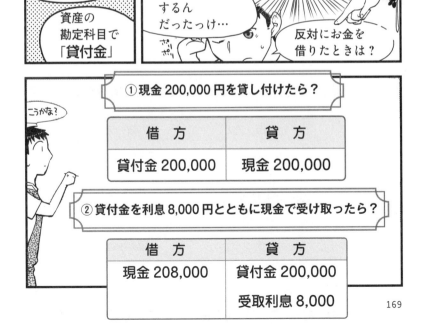

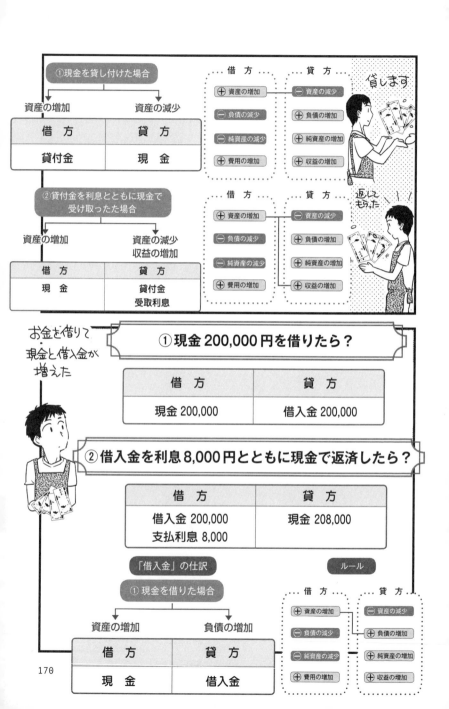

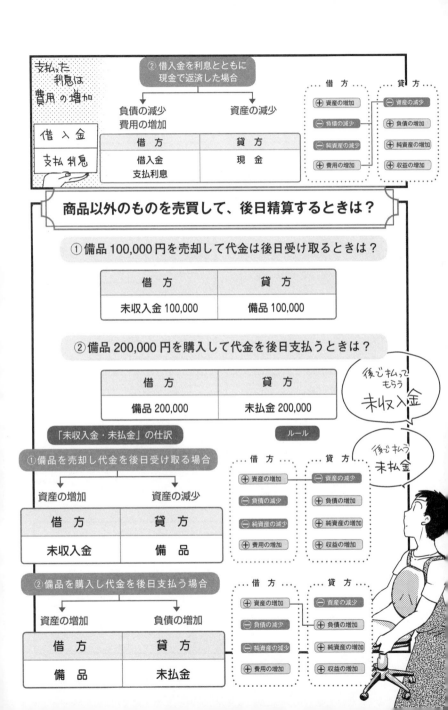

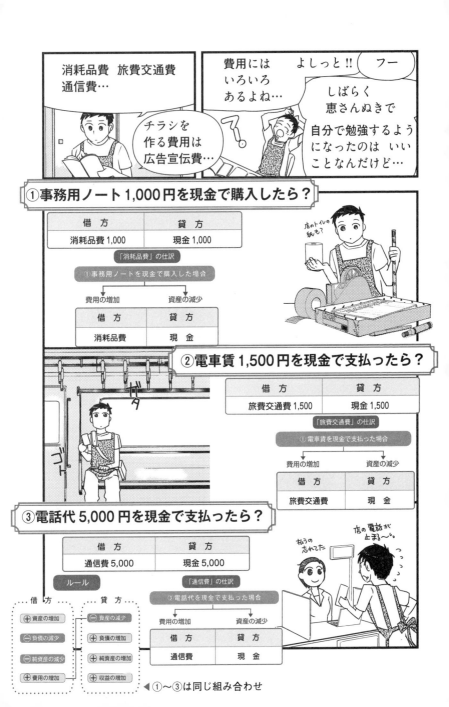

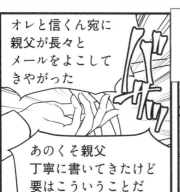

第5章 解説
さまざまな取引

純資産の処理

この章ではさまざまな取引について見ていきます。まずは純資産について見ていきましょう。

株式会社と純資産

> 宮原商店は株式会社になりました。株式会社を設立する場合には、株式を発行することになります。

純資産を理解するために、ここで株式会社のしくみについて簡単に説明しておきましょう。

株式会社が活動を行うにはお金が必要です。商品を仕入れてくるにも、店舗を借りるにもお金が必要です。お金は銀行から借りてくることもできますが、借りたお金は返さなければなりません。

そこで、**株式会社は「株式」というものを発行し、それを購入してもらってお金を集める方法をとります**。株式の購入者のことを「**株主**」といい、株主に出してもらった（出資してもらった）お金はあとで返済する必要がありません。ただし、その代わりにビジネスがうまくいけば、もうけの一部を配当という形で株主に配分するしくみになっています。

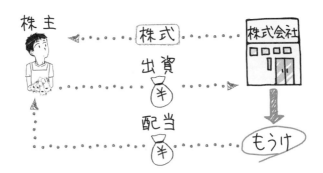

宮原商店もついに株式会社の仲間入り。

株式会社になったんだから、株式会社のしくみぐらい理解しておかなきゃね。

　純資産（資本）の内容は、株式会社の場合、この株主が出資したお金と、会社のもうけの蓄積分で構成されています。具体的には、**株主の出資したお金が「資本金」**となります。

資本金の処理

株式会社は、会社の設立時と、増資（新しい株式を発行して資本金を増やすこと）において株式を発行します。

株式を発行したときは、**株式の払込金額（株式の発行により出資された金額）**を「**資本金**」（純資産）**として処理**します。

例23 株式会社を設立し、株主から100,000円の出資金の払い込みを受け、当座預金とした。

借方科目	金　　額	貸方科目	金　　額
当座預金	100,000	資本金	100,000

（資産の増加）　　　　　　　　　　（純資産の増加）

「資本金という純資産」が増えたので貸方に**資本金**、「当座預金という資産」が増えたので借方に**当座預金**を記入します。

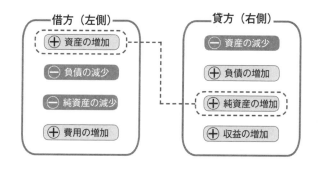

> 資本金も当座預金も増やす仕訳になるわけだね。

お金を貸したとき・借りたとき（貸付金・借入金）

宮原商店は、取引先の田中工務店からお金を貸してくれるよう頼まれ、現金を貸すことにしました。一方で、倉庫用の建物を購入したおかげで資金が足りなくなり、銀行からお金を借り入れることにしました。

 貸付金 ココ重要!

　会社やお店は、取引先にお金を貸したり、反対に取引先や銀行等からお金を借りたりすることがあります。

　取引先などにお金を貸し付けたときは、「貸付金」（資産）で処理します。貸したお金を返してもらったときは、**貸付金（資産）を減らす処理**をします。**お金を貸した場合は、通常、利息を受け取りますが、これは「受取利息」（収益）で処理**します。

例24 宮原商店は田中工務店に対して現金 150,000 円を貸し付けた。

「貸付金という資産」が増えたので借方に**貸付金**、「現金という資産」が減ったので貸方に**現金**を記入します。

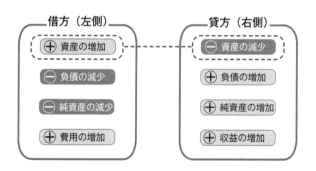

 貸付金を増やして、現金を減らすって仕訳だね。

例25 田中工務店から貸付金150,000円の返済を受け、利息5,000円とともに現金で受け取った。

借方科目	金　額	貸方科目	金　額
現　　金	155,000	貸　付　金	150,000
		受　取　利　息	5,000

- 借方「現金」：資産の増加
- 貸方「貸付金」：資産の減少（貸付金を減らす）
- 貸方「受取利息」：収益の増加

「貸付金という資産」が減ったので貸方に**貸付金**、また「受取利息という収益」が増えたので貸方に**受取利息**を記入します。そして「現金という資産」が増えたので借方に**現金**を記入します。

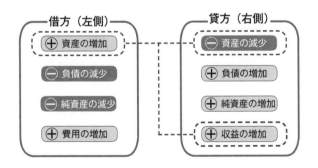

お金を返してもらったから貸付金を減らして、利息をもらったから受取利息を増やす。そして現金をもらったから現金を増やすわけだね。

銀行や取引先などから**お金を借りたときは、「借入金」（負債）で処理**します。そして、借りたお金を返済したときには、**借入金（負債）を減らす処理**をします。また、**お金を借りた場合は、通常、利息を支払いますが、これは「支払利息」（費用）で処理**します。

例26　宮原商店は銀行より現金 250,000 円を借り入れた。

借方科目	金　　額	貸方科目	金　　額
現　　金	250,000	借　入　金	250,000

　　資産の増加　　　　　　　　　　負債の増加

「借入金という負債」が増えたので貸方に**借入金**、「現金という資産」が増えたので借方に**現金**を記入します。

 お金を借り入れた場合の仕訳は前に見たわよ。覚えてる？

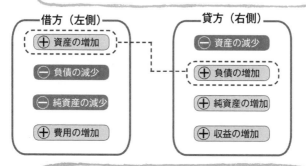

 うん。84ページで勉強した、借入金を増やして、現金も増やすパターンだね。

例27 宮原商店は銀行に対する借入金250,000円を、利息10,000円とともに普通預金から返済した。

「借入金という負債」が減ったので借方に**借入金**、また「支払

利息という費用」が増えたので借方に**支払利息**を記入します。そして「普通預金という資産」が減ったので貸方に**普通預金**を記入します。

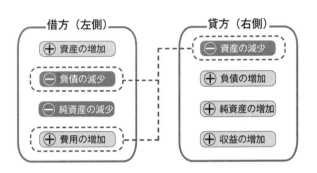

これも 85 ページで見たパターンだね。でも、普通預金から払ったので、現金じゃなくて普通預金を減らすんだね。

商品以外の代金後払い（未収入金・未払金）

　宮原商店には長いこと使っていない土地があり、その土地を売却し、代金は月末に受け取ることにしました。また、新しい陳列用ケース（備品）を購入しましたが、手元に現金がなく、代金は翌月に支払うことにしました。

商品以外の代金後払い

　代金後払いの約束で、商品以外のもの、たとえば土地や建物などを売買したときには、「**未収入金**」**（資産）**または「**未払金**」**（負債）**で処理します。『後払いは売掛金や買掛金では……』と思った人がいるかもしれませんが、売掛金や買掛金は使いません。**売掛金や買掛金は、代金後払いの約束で、商品の売上げや仕入れを行ったときに用いる勘定科目**です。この点に注意しましょう。

商品以外のものの代金後払いは、売掛金や買掛金を使わないのか。

本業の商品売買に関するものと勘定科目を分けておかないといけないのよ。

未収入金　ココ重要!

　商品以外のものを売却して、その代金を後日受け取ることにしたときは、「**未収入金**」**（資産）**で処理します。そして、後日、未収の代金を受け取ったときは、**未収入金（資産）**を減ら

す処理をします。

> **例28** 宮原商店は土地300,000円を売却し、代金は月末に受け取ることにした。

借方科目	金　　額	貸方科目	金　　額
未 収 入 金	300,000	土　　　地	300,000

資産の増加　　　　　　　　　資産の減少

「土地という資産」が減っているので貸方に**土地**、「未収入金という資産」が増えているので借方に**未収入金**を記入します。

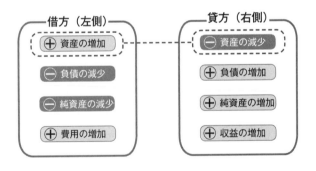

土地を減らして、売掛金じゃなくて、未収入金を増やすって仕訳になるんだね。

例 29 月末となり、未収の代金 300,000 円を、現金で受け取った。

借方科目	金　　額	貸方科目	金　　額
現　　金	300,000	未 収 入 金	300,000

（資産の増加）　　　　　　　　（資産の減少）（未収入金を減らす）

「未収入金という資産」が減っているので貸方に**未収入金**、「現金という資産」が増えているので借方に**現金**を記入します。

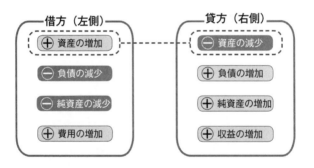

未収入金を受け取ったから未収入金を減らして、現金を増やすって仕訳だね。

未払金 〈ココ重要！〉

商品以外のものを購入して、その代金を後日支払うことにしたときは、「**未払金**」（**負債**）**で処理**します。そして、後日、未払いの代金を支払ったときは、**未払金**（負債）を減らす処理をします。

> 例30　宮原商店は備品 50,000 円を購入し、代金は翌月に支払うことにした。

借 方 科 目	金　　額	貸 方 科 目	金　　額
備　　　品	50,000	未　払　金	50,000

（資産の増加）　　　　　　　　（負債の増加）

「備品という資産」が増えているので借方に**備品**、「未払金という負債」が増えているので貸方に**未払金**を記入します。

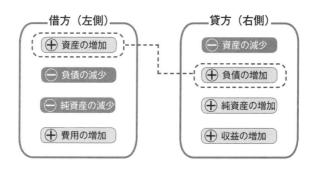

 備品を増やして、なるほど……買掛金じゃなくて、未払金を増やすって仕訳になるわけだね。

例31 翌月となり、未払いの代金 50,000 円を現金で支払った。

借 方 科 目	金 額	貸 方 科 目	金 額
未 払 金	50,000	現 金	50,000

（負債の減少）（未払金を減らす）　（資産の減少）

「未払金という負債」が減っているので借方に**未払金**、「現金という資産」が減っているので貸方に**現金**を記入します。

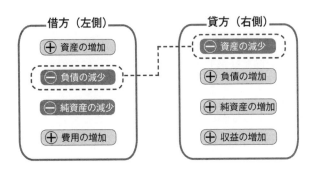

未払金を支払ったから未払金を減らして、現金も減らすって仕訳だね。

手付金を支払ったとき（前払金・前受金）

宮原商店は、大黒物産に商品を注文した際に、代金の一部を支払ってほしいといわれ、内金を支払いました。一方、田中工務店から商品の注文を受けた際に、代金の一部として内金を受け取りました。

前払金

商品売買の注文のときに、代金の一部として内金や手付金などを支払ったり、受け取ったりすることがあります。たとえば10万円の商品を注文して、注文の時点で、代金の一部として1万円を支払うというような場合ですね。

商品を注文した際に、内金や手付金を支払ったときは、「前払金」（資産）で処理します。その後、商品を受け取ったときは、**前払金**（資産）を減らす処理をします。

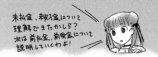

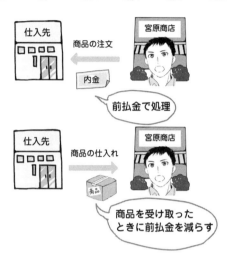

例 32 宮原商店は商品 100,000 円を注文し、内金として 10,000 円を現金で支払った。

借 方 科 目	金 額	貸 方 科 目	金 額
前 払 金	10,000	現 金	10,000

資産の増加　　　　　　　　資産の減少

「前払金という資産」が増えたので借方に**前払金**、「現金という資産」が減ったので貸方に**現金**を記入します。

商品を注文した段階では、仕入を計上しないわ。商品を受け取ったときに、仕入を計上するのよ。

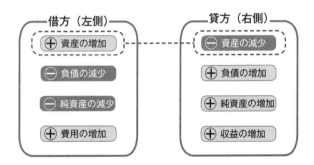

内金を支払ったから前払金を増やして、現金を減らすって仕訳になるんだね。

例33 宮原商店は、商品100,000円を仕入れ、代金のうち10,000円は注文時に支払った内金と相殺し（差し引き）、残額の90,000円は掛けとした。

借 方 科 目	金 額	貸 方 科 目	金 額
仕　　　入	100,000	前　払　金	10,000
		買　掛　金	90,000

「仕入という費用」が増えたので、借方に**仕入**を記入します。代金のうち10,000円は前払金を差し引くので「前払金という資産」が減り、貸方に**前払金**を記入します。残額90,000円は掛けとするので「買掛金という負債」が増え、貸方に**買掛金**を記入します。

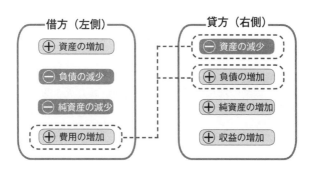

まず商品を仕入れたんだから仕入を増やす。そして内金を差し引くから前払金を減らして、残りは買掛金とするわけだね。

前受金

商品の注文を受けた際に、内金や手付金を受け取ったときは、**前受金（負債）で処理**します。そして、商品の注文を受けた際に、内金や手付金を受け取っていた場合で、後日商品を引き渡したときは、**前受金**（負債）を減らす処理をします。

> **例34** 宮原商店は商品100,000円の注文を受け、その際に内金として10,000円を現金で受け取った。

借方科目	金　額	貸方科目	金　額
現　金	10,000	前受金	10,000

　　↓　　　　　　　　　　　　　↓
資産の増加　　　　　　　　　負債の増加

商品の注文を受けた段階では、まだ売上を計上しない。計上するのは、商品を引き渡したときよ。

「前受金という負債」が増えたので貸方に**前受金**、「現金という資産」が増えたので借方に**現金**を記入します。

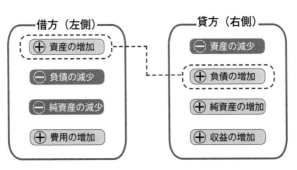

内金を受け取ったから前受金を増やして、現金も増やすって仕訳になるわけだね。

例35 宮原商店は商品100,000円を売上げ、代金のうち10,000円は注文時に受け取った内金と相殺し（差し引き）、残額の90,000円は掛けとした。

借方科目	金　額	貸方科目	金　額
前　受　金	10,000	売　　　上	100,000
売　掛　金	90,000		

- 負債の減少
- 前払金を減らす
- 資産の増加
- 残額は掛け
- 収益の増加

「売上という収益」が増えたので貸方に**売上**を記入します。代金のうち10,000円は前受金を差し引くので「前受金という負債」が減り、借方に**前受金**を記入します。残額90,000円は掛けとするので「売掛金という資産」が増え、借方に**売掛金**を記入します。

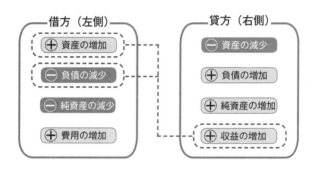

まず商品を売上げたから売上を増やす。そして内金を差し引くから前受金を減らして、残りは売掛金とするんだね。

とりあえず概算額を支払ったとき（仮払金・仮受金）

宮原商店では、他県に出張に行って商品を買い付けることになりました。また、宮原商店の預金口座に内容不明の入金がありました。

仮払金

お店や会社の従業員などが出張に行く場合、あらかじめ出張にかかる金額を概算額（おおよその金額）で渡しておくことがあります。このとりあえず概算額を渡すことを「**仮払い**」といいます。

たとえば、従業員の出張にあたって、**旅費の概算額を渡した（仮払いした）ときは、「仮払金」（資産）で処理**します。

そして、従業員が出張から戻り、旅費が確定した場合、**仮払金（資産）から該当する勘定科目に振り替えます**（仮払金を減少させて、該当する勘定科目で処理する）。

なお、**旅費は「旅費交通費」（費用）という勘定科目で処理**します。

例36 従業員の出張にあたり、旅費の概算額 30,000 円を現金で渡した。

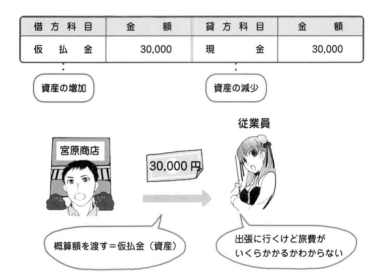

「仮払金という資産」が増えたので借方に**仮払金**、現金が減ったので貸方に**現金**を記入します。

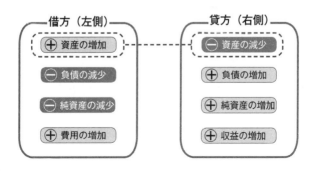

 仮払金を増やして、現金を減らすって仕訳になるわけだね。

例37 従業員が出張から戻り、概算額 30,000 円のうち、25,000 円を旅費交通費として使ったと報告を受け、残額の 5,000 円は現金で受け取った。

費用の増加　　旅費交通費に振り替える

借方科目	金　額	貸方科目	金　額
旅費交通費	25,000	仮 払 金	30,000
現　　　金	5,000		

資産の増加　　　　　　　　　　資産の減少　　仮払金を減らす

従業員

5,000 円

旅費交通費が 25,000 円、残額 5,000 円を戻す　　　　出張から戻る

仮払いを精算し、「仮払金という資産」が減ったので貸方に**仮払金**を記入します。また、30,000円のうち25,000円を旅費交通費として使い、「旅費交通費という費用」が増えたので借方に**旅費交通費**を記入します。そして、残額の5,000円は現金で受け取り、「現金という資産」が増えているので借方に**現金**を記入します。

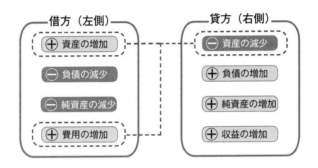

仮払いの精算だから、仮払金を減らして、旅費交通費を増やす。残額は現金で受け取ってるから現金を増やすんだね。

仮受金

預金口座に入金があったが、その内容は不明という場合があります。この場合、とりあえずお金を受け取っておきますが、

このとりあえずお金を受け取っておくことを「**仮受け**」といいます。

　内容不明の入金があった場合は、一時的に「仮受金」（負債）で処理します。そして、内容不明の入金の内容が判明した場合は、**仮受金**（負債）から該当する勘定科目に振り替えます（仮受金を減少させて、該当する勘定科目で処理する）。

> 例38　出張中の従業員から普通預金口座に 10,000 円の入金があったが、その内容は不明である。

借方科目	金　額	貸方科目	金　額
普 通 預 金	10,000	仮 受 金	10,000

（資産の増加）　　　　　　　（負債の増加）

「仮受金という負債」が増えたので貸方に**仮受金**、「普通預金という資産」が増えたので借方に**普通預金**を記入します。

「とりあえずお金を
支払ったり受け取ったり
したときは？」

仮払金 仮受金の
勘定科目で処理っと

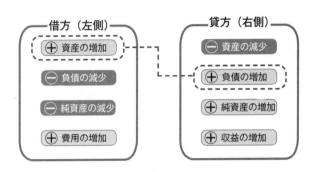

 仮受金を増やして、普通預金も増やすって仕訳になるんだね。

例39 従業員が出張から戻り、仮受金の 10,000 円は売掛金を回収したものであることが判明した。

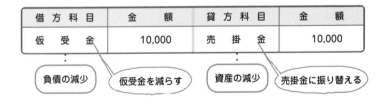

「仮受金という負債」が減ったので借方に**仮受金**、「売掛金という資産」が減ったので貸方に**売掛金**を記入します。

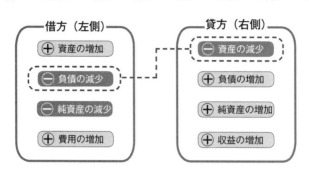

 仮受けが売掛金の回収と判明したから、仮受金を減らして、その分、売掛金を減らす仕訳になるわけだね。

さまざまな経費の支払い

会社やお店が活動していくうえで、さまざまな費用、いわゆる経費がかかります。ここからは主だった経費の処理について見ていきましょう。

宮原商店では、日々さまざまな経費の支払いが行われて
います。お店の電気代や水道代、電話代などは毎月支払っ
ています。事務用の文房具やコピー用紙なども必要です。
また、取引先などに対する贈答や接待の費用、チラシなど
の広告の費用などもかかります。

水道光熱費・通信費

　水道代や電気代などは「水道光熱費」（費用）という勘定科
目で、**電話代、ハガキ・切手代などは「通信費」（費用）**とい
う勘定科目で処理します。

> **例 40** 電気代 4,000 円と電話代 6,000 円とが普通預金口座
> から引き落としされた。

費用の増加

借　方　科　目	金　　額	貸　方　科　目	金　　額
水 道 光 熱 費	4,000	普 通 預 金	10,000
通　　信　　費	6,000		

費用の増加　　　　　　　　　資産の減少

214

「水道光熱費と通信費という費用」が増えたので借方に**水道光熱費**と**通信費**、「普通預金という資産」が減ったので貸方に**普通預金**を記入します。

これ以降の経費の仕訳はすべて同じこの組み合わせよ。

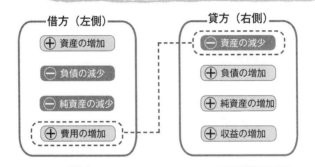

費用を増やして、資産を減らすって仕訳になるんだね。

消耗品費

会社やお店で使う雑貨、ノート、文房具、コピー用紙などは「**消耗品費**」（費用）で処理します。

例41　コピー用紙1,000円を現金で購入した。

借方科目	金　額	貸方科目	金　額
消耗品費	1,000	現　　金	1,000

費用の増加　　　　　　　　　資産の減少

「消耗品費という費用」が増えたので借方に**消耗品費**、「現金という資産」が減ったので貸方に**現金**を記入します。

旅費交通費

仕事で使ったタクシー代、バス・電車賃などは「旅費交通費」（費用）で処理します。

例 42　電車賃 2,000 円を現金で支払った。

借方科目	金　額	貸方科目	金　額
旅費交通費	2,000	現　　金	2,000

費用の増加　　　　　　　　　資産の減少

「旅費交通費という費用」が増えたので借方に**旅費交通費**、「現金という資産」が減ったので貸方に**現金**を記入します。

交際費

取引先などに対して接待や贈答をすることがありますが、これらの支出は「交際費」(費用)で処理します。

例43 得意先と食事会を行い、現金10,000円を支払った。

借方科目	金　　額	貸方科目	金　　額
交 際 費	10,000	現　　金	10,000

費用の増加　　　　　　　　　資産の減少

「交際費という費用」が増えたので借方に**交際費**、「現金という資産」が減ったので貸方に**現金**を記入します。

広告宣伝費

ポスターやチラシなど広告宣伝にかかる支出は「広告宣伝費」(費用)で処理します。

例44 チラシの制作費用3,000円を現金で支払った。

借方科目	金　額	貸方科目	金　額
広告宣伝費	3,000	現　　金	3,000

費用の増加　　　　　　　　　　　資産の減少

「広告宣伝費という費用」が増えたので借方に**広告宣伝費**、「現金という資産」が減ったので貸方に**現金**を記入します。

☀ 給　料 °

　従業員に支払う給料は「給料」（費用）という勘定科目で処理します。

例 45　従業員に給料 100,000 円を現金で支払った。

借方科目	金　額	貸方科目	金　額
給　　料	100,000	現　　金	100,000

費用の増加　　　　　　　　　　　資産の減少

「給料という費用」が増えたので借方に**給料**、「現金という資産」が減ったので貸方に**現金**を記入します。

 経費の仕訳はもうマスターしたよ。

 じゃあ、次は収益ね。

収益のいろいろ

つづいて収益について見ていきましょう。

宮原商店では、本業の商品の販売以外に、仲介による手数料収入などがあります。

受取手数料

収益の中心は**売上**（収益）ですが、売上以外にも、収益はいろいろとあります。

本業以外の活動で仲介や代理などにより受け取った手数料は「受取手数料」（収益）で処理します。

> **例 46** 取引先で不要となった固定資産の売買取引の仲介を行い、手数料として現金 10,000 円を受け取った。

借方科目	金　　額	貸方科目	金　　額
現　　金	10,000	受取手数料	10,000

　　　資産の増加　　　　　　　　　収益の増加

「受取手数料という収益」が増えたので貸方に**受取手数料**、「現金という資産」が増えたので借方に**現金**を記入します。

これ以降の収益の仕訳はすべて同じこの組み合わせよ。

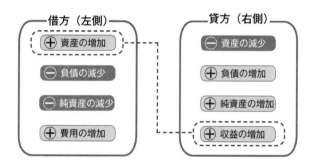

収益を増やして、資産も増やすって仕訳になるんだね。

☀ 受取地代・受取家賃

土地を貸している場合に受け取る地代は「**受取地代**」(収益)という勘定科目で、建物を貸している場合に受け取る家賃は「**受取家賃**」(収益)という勘定科目で処理します。

> 例 47　貸している建物の家賃 20,000 円を現金で受け取った。

借方科目	金　　額	貸方科目	金　　額
現　　金	20,000	受 取 家 賃	20,000

（資産の増加）　　　　　　　　　（収益の増加）

「受取家賃という収益」が増えたので貸方に**受取家賃**、「現金という資産」が増えたので借方に**現金**を記入します。

☀ 受取配当金

株式については第 4 章で解説しましたが、株式を持っていると配当金を受け取る場合があります。**配当金を受け取った場合は「受取配当金」(収益)で処理**します。

例48 保有する株式について、2,000円の配当があり、普通預金口座に振り込まれた。

借方科目	金　額	貸方科目	金　額
普通預金	2,000	受取配当金	2,000

　　資産の増加　　　　　　　　収益の増加

「受取配当金という収益」が増えたので貸方に**受取配当金**、「普通預金という資産」が増えたので借方に**普通預金**を記入します。

収益も、もう大丈夫！

じゃあ、最後は決算ね。

エピローグ

ゴールは決算

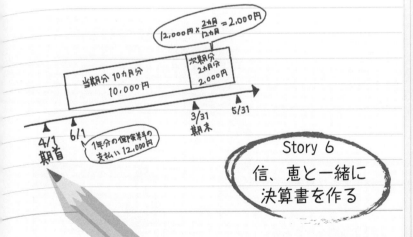

Story 6
信、恵と一緒に
決算書を作る

そして株式会社は
オーナーである株主や
さまざまな人たちに

会社の財産の状態や
経営の成績などを
明らかにしていかなければ
ならない

そのための手続きが「決算」で…

報告に必要なのが
決算書…そして

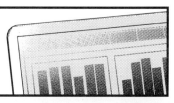

簿記の流れのゴールがその決算書
貸借対照表と損益計算書の作成

信さまぁ♥

決算は

総勘定元帳→試算表→決算整理→貸借対照表・損益計算書の作成

という流れで行う

試算表は 仕訳帳や伝票の仕訳を
総勘定元帳に転記する際に
誤りがなかったかを
チェックするために作成する表

総勘定元帳をもとに試算表を作成するが
試算表に記載された金額の中には
財政状態や経営成績を正しく表すために
修正しなければならないものがある
この修正手続きが決算整理だ

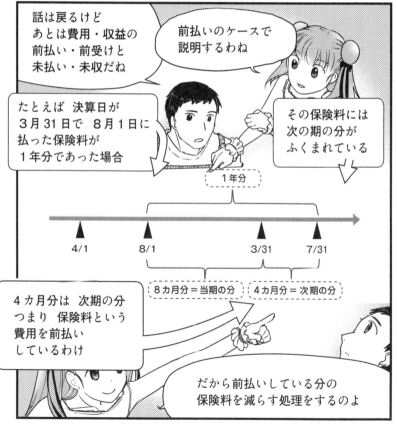

エピローグ 解説
ゴールは決算

決算って何？

いよいよ最終章、この章のテーマは決算です。

> 宮原商店も決算を迎えました。決算手続きを行い、最終的には貸借対照表と損益計算書を作成していきます。

簿記の流れのゴールが「**貸借対照表**」と「**損益計算書**」であることは最初にふれましたが、**この貸借対照表と損益計算書を作成するための手続きが「決算」です**。言い換えれば、**期末（決算日）に財政状態や経営成績を明らかにするための手続きのこと**です。決算は簿記の最終ステージともいえるでしょう。

まずは、決算ではどのようなことを行うのか、決算手続きの流れを見ておきましょう。

総勘定元帳 … 試算表 … 決算整理 … 貸借対照表／損益計算書

　総勘定元帳をもとに試算表を作成します。試算表に記載された金額の中には、財政状態や経営成績を正しく表すために、修正しなければならないものがあります。この修正手続きを**決算整理**といいます。

試算表とは？

　取引が発生したら、仕訳帳や伝票に仕訳を記入し、そこから総勘定元帳に転記するということは、第2章で解説しました。**「試算表」とは、総勘定元帳に転記する際に誤りがなかったかをチェックするために作成する表のことで、月末や決算時（期末）などに作成します。**

　試算表には、**合計試算表、残高試算表、合計残高試算表**の3種類がありますが、残高試算表について見ていきます。

試算表の作成

　残高試算表には、各勘定の残高を記入していくので、各勘定について借方または貸方のどちらかに金額を記入します。

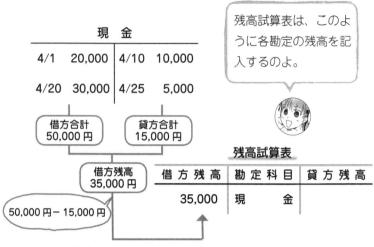

次の各勘定にもとづいて、残高試算表を作成してみます。

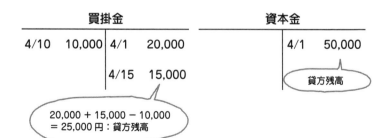

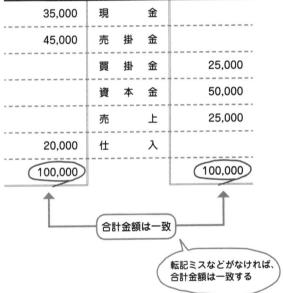

　残高試算表は、取引の残高だけで表示しているので、残高試算表をもとに**貸借対照表**や**損益計算書**を作成することができます。

また、実務的にはパソコンで経理データを管理することが多いため、試算表はチェックのためというよりも、その月の経営成績や月末の財政状態などを確認するために作成します。

決算整理

決算整理についてはすでにふれましたが、**財政状態や経営成績を正しく表すための、最終的な修正手続きのこと**です。ただし、修正手続きといっても特別なことをするわけではありません。これまでと同じように仕訳をするだけです。**この修正を行うための仕訳を「決算整理仕訳」**といいます。

決算整理にはさまざまなものがあり、第5章で見た**減価償却**もその1つです。ここでは主だったものを見ていきましょう。

売上原価の計算

宮原商店では、決算において売れずに残っている商品があります。一方で前期から繰り越されてきた商品を当期に販売しています。これらの商品について修正の手続きをしなければなりません。

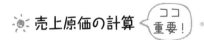

売上原価の計算 〈ココ重要！〉

商品売買による会社の正確な利益を知るためには、売上げた商品をいくらで仕入れたか、つまり当期に売上げた商品の仕入原価を計算しなければなりません。この**当期に売上げた商品の仕入原価のことを**「**売上原価**」といいます。

商品を仕入れたら、仕入（費用）で処理しますが、期末に在庫（売れずに残っている商品）がある場合には、その分の原価を仕入から差し引かなければなりません。

たとえば、期末に売れずに残っている商品が20,000円あれば、その分を仕入から除かなければならないわけですね。反対に、期首に在庫がある場合、その商品は当期中に売上げているので、その分の原価を仕入に加えなければなりません。たとえば、期首に商品が30,000円あれば、その分を仕入に加えるというようにです。

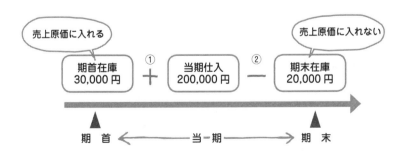

前ページの図のように、期首に 30,000 円分の在庫があり、当期中に 200,000 円分の商品を仕入れたとしましょう。期末に 20,000 円分の商品が残っていた場合、当期に売上げた商品はいくら分になるかは、

30,000 円 + 200,000 円 − 20,000 円 = 210,000 円

と計算することができます。

なお、期首の在庫を**期首商品棚卸高**、期末の在庫を**期末商品棚卸高**といいます。

☀️ 売上原価を計算するための仕訳 ⟨ ココ 重要！ ⟩ • • • • •

売上原価を計算するための仕訳では、「**仕入**」と「**繰越商品**」という**勘定科目**を使います。繰越商品とは、期末に売れ残った商品のことです。この商品は次期に繰り越されます。

① まず、期首商品棚卸高（期首在庫）を**繰越商品**（資産）から振り替えて**仕入**（費用）に加える仕訳を行います。

> **例 49** 期首商品棚卸高が 30,000 円であった。

借 方 科 目	金 額	貸 方 科 目	金 額
仕 入	30,000	繰 越 商 品	30,000

費用の増加　　　　　　　　　　資産の減少

「仕入という費用」を増やし、「繰越商品という資産」を減らすという仕訳になります。これが237ページの図の①の段階で、この仕訳によって仕入が30,000円増えて、繰越商品が30,000円減ることになります。

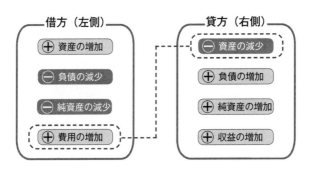

 そうか！ 仕入を増やして、繰越商品を減らす仕訳をするわけだね。

次に、②の段階です。期末商品棚卸高（期末在庫）を**仕入**（費用）から**繰越商品**（資産）に振り替え、**仕入**（費用）から減らします。

例50 期末商品棚卸高が20,000円であった。

借方科目	金　　額	貸方科目	金　　額
繰 越 商 品	20,000	仕　　入	20,000

- 資産の増加
- 費用の減少

「仕入という費用」を減らし、「繰越商品という資産」を増やすという仕訳になります。この仕訳によって仕入が20,000円減って、繰越商品が20,000円増えることになります。

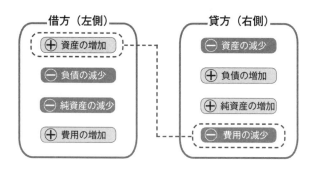

今度は仕入を減らして、繰越商品を増やすって仕訳だね。

- 期首商品 ➡ 仕入／繰越商品
- 期末商品 ➡ 繰越商品／仕入

 この仕訳によって 238 ページで見た売上原価の計算をするのよ。

貸倒引当金

宮原商店には、取引先に対する売掛金があります。もし、その取引先が倒産したら、売掛金が回収できなくなってしまいます。そうなると、思わぬ損失が生じることになるので、備えておく必要があります。

貸倒れとは？

売掛金などがある得意先が倒産してしまった場合、回収が困難になります。このように**倒産などの理由で売掛金などが回収できなくなることを**「**貸倒れ**」といいます。

当期に発生した売掛金などが当期に貸し倒れた場合、貸し倒れた分の売掛金などを減らすとともに、「貸倒損失」（費用）で処理します。

241

貸倒引当金

貸倒れが発生すると思いがけない損失が生じるので、貸倒れに備えておく必要があります。そこで、貸倒れがあることを予想し、決算では次期以降の貸倒れに備えて、「**貸倒引当金**」を設定します。

貸倒引当金は、貸倒れの見積額。売掛金や受取手形が、将来いくら貸倒れてしまうか？ その見積もりの金額のことです。

たとえば、過去2％の割合で貸倒れが発生していたとしましょう。期末に売掛金が100,000円あった場合、100,000円×2％＝2,000円は回収できないことが予想されます。この回収できないかもしれない2,000円を**貸倒引当金**（資産のマイナス）として設定するわけですね。

貸倒引当金を設定する場合、設定額は**貸倒引当金繰入**（費用）で処理し、相手勘定科目は**貸倒引当金**（資産のマイナス）とします。

売掛金が回収できなくなる可能性もあるわけだね。

そう。だから貸倒引当金を設定するのよ～♥

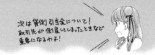

例51 決算において、売掛金の期末残高 100,000 円に対して 2 ％の貸倒引当金を設定する。

借方科目	金　　　額	貸方科目	金　　　額
貸倒引当金繰入	2,000	貸倒引当金	2,000

（費用の増加）　　　　　　　　（資産のマイナス）

「貸倒引当金繰入という費用」が増えたので借方に**貸倒引当金繰入**を記入します。相手勘定科目は資産のマイナスを表す**貸倒引当金**を記入します。

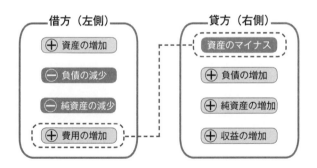

貸倒引当金繰入という費用を増やして、相手勘定科目は貸倒引当金とするわけだね。

費用の前払い・収益の前受け

宮原商店では、毎年6月に1年分の保険料を支払っていますが、3月31日が決算日なので次期の分も支払っていることになります。そこで、保険料について修正の手続きをしなければなりません。

費用の前払い

当期に支払った費用の中に、次期以降の分が含まれている場合があります。たとえば、6月1日に支払った保険料（費用）が1年分であった場合、その保険料には次期の分が含まれています。

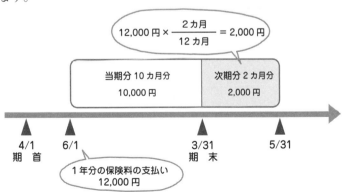

　前ページの場合、決算において次期以降の分を当期の費用から差し引かなければなりません。

　ですから、**費用を前払いしている場合には、次期以降の分を当期の費用から差し引く処理をします。**

　また、次期以降の費用を当期に前払いしているということは、次期にその分だけサービスを受ける権利が生じます。その権利は、「**資産**」として処理します。勘定科目は、前払いしている費用の内容を明らかにするため、「**前払家賃**」（資産）、「**前払地代**」（資産）、「**前払保険料**」（資産）などで処理したり、まとめて「**前払費用**」（資産）で処理したりします。

 ６月１日の時点で、１年分支払ったから、２カ月分、次期の費用も支払ったことになるのよ。

> 例52　保険料12,000円は、当期の６月１日に１年分を支払ったものである。決算において前払いの計上をする。なお、決算日は３月31日である。

借方科目	金額	貸方科目	金額
前払保険料	2,000	保険料	2,000

資産の増加　　　費用の減少　　保険料を減らす

245

「保険料という費用」を減らすので貸方に**保険料**、「前払保険料という資産」を増やすので借方に**前払保険料**を記入します。

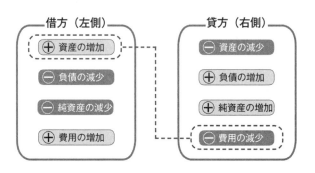

保険料を減らして、その分、前払保険料を増やす仕訳になるわけだね。

なお、このように前払いを計上した場合、次期の期首、つまり翌期首に、決算時の仕訳と逆の仕訳を行って、もとの勘定に振り替えます。

収益の前受け

当期に受け取った収益の中に次期以降の分が含まれていることがあります。その場合、**費用の前払いと同じように、決算において次期以降の分を当期の収益から差し引きます。**

　また、次期以降の収益を当期に前受けしているということは、次期にその分だけサービスを提供する義務が生じます。その次期にサービスを提供しなければならない義務は、「**負債**」として処理します。勘定科目は、前受けしている収益の内容を明らかにするため、「**前受家賃**」（負債）、「**前受地代**」（負債）、「**前受利息**」（負債）などで処理したり、まとめて「**前受収益**」（負債）で処理したりします。

　仕訳の要領は、費用の前払いと同じです。

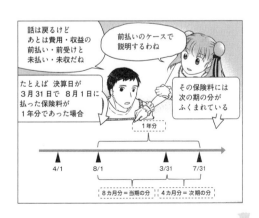

費用の未払い・収益の未収

宮原商店は、8月に現金を借り入れましたが、利息の支払いは1年後ということになっています。ということは、3月31日の決算日の時点で当期分の利息を支払っていないことになります。そこで、利息について修正の手続きをしなければなりません。

費用の未払い

当期の費用にもかかわらず、支払いが次期以降であるため、当期の費用として処理されていない場合があります。たとえば、8月1日に現金を借り入れた場合で、利息の支払いが1年後だとすると、当期分の利息が計上されていません。

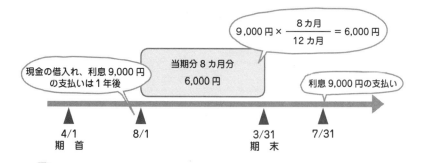

　前ページの場合、決算において当期の費用として計上しなければなりません。

　ですから、**費用の未払いの場合、その分を当期の費用として計上します。**

　また、当期に支払っていない費用は、次期以降に支払わなければならないので、次期以降に支払わなければならない義務を「**負債**」として計上します。勘定科目は、未払いである費用の内容を明らかにするため、「**未払利息**」（負債）、「**未払家賃**」（負債）などで処理したり、まとめて「**未払費用**」（負債）で処理したりします。

8カ月分の利息が計上されていないので、その分を当期の費用として計上しなければならないのよ。

例53　当期の8月1日に現金100,000円を借り入れた。借入期間は1年で元本の返済時に利息9,000円も合わせて支払うこととしている。決算において、未払いの利息を計上する。なお、決算日は3月31日である。

借方科目	金　　額	貸方科目	金　　額
支 払 利 息	6,000	未 払 利 息	6,000

- 費用の増加
- 支払利息を増やす
- 負債の増加

「支払利息という費用」を増やすので借方に**支払利息**、「未払利息という負債」を増やすので貸方に**未払利息**を記入します。

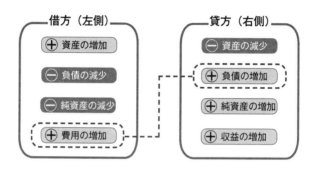

支払利息を増やして、その分、未払利息も増やすという仕訳になるわけだね。

なお、このように未払いを計上した場合、次期の期首、つまり翌期首に、決算時の仕訳と逆の仕訳を行って、もとの勘定に振り替えます。

収益の未収

　当期の収益にもかかわらず、受取りが次期以降であるため、当期の収益として処理されていないことがあります。その場合、**費用の未払いと同じように、その分を当期の収益として計上します**。

　また、当期に受け取っていない収益は、次期以降に受取ることができるので、その権利を「**資産**」として計上します。

　勘定科目は、未収状態である収益の内容を明らかにするため、「**未収利息**」（資産）、「**未収家賃**」（資産）などで処理したり、まとめて「**未収収益**」（資産）で処理したりします。

　仕訳の要領は、費用の未払いと同じです。

精算表とは？

　つづいて**精算表**について見ていきましょう。**精算表は、決算整理前の試算表から決算整理を行い、貸借対照表と損益計算書を作成する過程を１つにまとめた表です**。決算の作業を確実かつスムーズに行うために、精算表を作成することがあります。

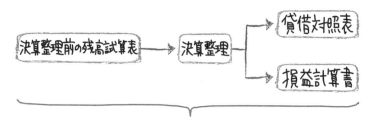

精算表の記入の流れ ココ重要!

精算表は次のような流れで作成していきます。

①残高試算表の勘定科目と金額を、勘定科目欄と試算表欄に記入する。

②決算整理にもとづいて、決算整理仕訳を行って、決算整理仕訳の金額を修正記入欄に記入する。

③試算表欄の金額と修正記入欄の金額を加算・減算して、損益計算書欄または貸借対照表欄に記入する。

次の図のように、加算・減算は、修正記入欄の金額が試算表欄と同じ側に記入されたときは加算する。つまり、**借方どうし、貸方どうしは加算する**。

修正記入欄の金額が試算表欄と**反対側に記入されたときは減算**して、残高がある側に記入する。

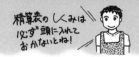

資産・負債・純資産の金額は貸借対照表欄に、収益・費用の金額は損益計算書欄に記入する。

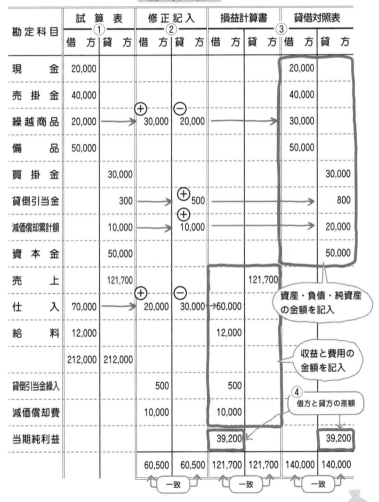

④損益計算書と貸借対照表の借方合計と貸方合計の差額によって、当期純利益（または当期純損失）を計算する。

損益計算書欄の収益合計が費用合計よりも大きい場合、つまり貸方合計が借方合計よりも大きいときは**当期純利益**となる。

当期純利益の場合、損益計算書の借方と貸借対照表の貸方に同じ金額が記入される。

反対に損益計算書欄の収益合計が費用合計よりも小さい場合、つまり貸方合計が借方合計よりも小さいときは**当期純損失**となる。

当期純損失の場合、損益計算書の貸方と貸借対照表の借方に同じ金額が記入される。

貸借対照表と損益計算書

最終的に貸借対照表と損益計算書を作成して、会社の財政状態と経営成績を明らかにします。

最後は、**貸借対照表**と**損益計算書**の作成です。第1章で見たように、貸借対照表は会社やお店の財政状態を明らかにするために、損益計算書は会社やお店の経営成績を明らかにするため

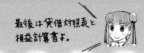

に作成します。

　決算整理が終わったあとの残高試算表（決算整理後残高試算表）をもとに貸借対照表と損益計算書を作成していきます。

　なお、精算表を作成する場合は、精算表の損益計算書欄と貸借対照表欄に記入された金額をもとに、それぞれ作成していきます。

残高試算表

借方残高	勘定科目	貸方残高
20,000	現　　金	
40,000	売 掛 金	
30,000	繰 越 商 品	
50,000	備　　品	
	買 掛 金	30,000
	貸倒引当金	800
	減価償却累計額	20,000
	資 本 金	50,000
	売　　上	121,700
60,000	仕　　入	
12,000	給　　料	
500	貸倒引当金繰入	
10,000	減価償却費	
222,500		222,500

貸借対照表に記入（現金・売掛金・繰越商品・備品）
貸借対照表に記入（買掛金・貸倒引当金・減価償却累計額・資本金）
損益計算書に記入（売上）
損益計算書に記入（仕入・給料・貸倒引当金繰入・減価償却費）

貸借対照表

○年3月31日　　　　　　　（単位：円）

資　産	金　額		負債及び純資産	金　額
現　金		20,000	買 掛 金	30,000
売 掛 金	40,000		資 本 金	50,000
貸倒引当金	800	39,200	当期純利益*	39,200
商　品		30,000		
備　品	50,000			
減価償却累計額	20,000	30,000		
		119,200		119,200

40,000円 − 800円 = 39,200円

50,000円 − 20,000円 = 30,000円

繰越商品は「商品」と表示する

一致

貸倒引当金は売掛金（または受取手形）の下に表示する。そして、売掛金（または受取手形）から貸倒引当金を差し引いた金額を記入する。
減価償却累計額は、固定資産の科目の下に表示し、固定資産の金額から減価償却累計額を差し引いた金額を記入する。

＊株式会社の場合は、当期純利益は繰越利益剰余金勘定（純資産）に振り替える処理を行う。ここではわかりやすくするため、簡略化している。

256

損益計算書

○年4月1日から○年3月31日まで　　　（単位：円）

仕入は「売上原価」と表示する

費　　用	金　　額	負債及び純資産	金　　額
売 上 原 価	60,000	売 上 高	121,700
給　　料	12,000		
貸倒引当金繰入	500		
減 価 償 却 費	10,000		
当期純利益	39,200		
	121,700		121,700

借方と貸方の差額が当期純利益
貸借対照表の差額と一致する

一致

ついに貸借対照表と損益計算書を作成したね。

これで簿記入門の勉強は終了よ〜♥

入門は終了かあ……もっと勉強してもいいかも。

じゃあ〜もっと勉強して日商簿記3級合格を目指すというのはどうかしら？

日商簿記3級か、チャレンジしてみようかな。

テキストは、
『マンガでやさしくわかる日商簿記3級』
がオススメよ♥

おもな勘定科目一覧

資　産		
現　　　金	紙幣や硬貨などの通貨	138 ページ
当 座 預 金	小切手の支払いなどのための無利息の預金	143 ページ
普 通 預 金	銀行に預け入れた普通預金	139 ページ
売 掛 金	商品を販売して、あとで代金を受け取る権利	115 ページ
受 取 手 形	手形代金を受け取る権利	146 ページ
有 価 証 券	株式や債券など	152 ページ
土　　　地	店舗や事務所などの敷地	155 ページ
建　　　物	店舗や事務所、倉庫などの建物	155 ページ
備　　　品	机・イス、パソコン、コピー機など	155 ページ
車 両 運 搬 具	自動車やトラックなど	155 ページ
貸 付 金	お金を貸し付けて、あとで返してもらえる権利	189 ページ
未 収 入 金	商品以外のものを売却し、あとで代金を受け取る権利	195 ページ
前 払 金	商品の仕入れの際に支払った手付金	200 ページ
仮 払 金	内容や金額が未確定の概算払い	207 ページ
繰 越 商 品	期首（期末）の在庫商品の原価	238 ページ
前 払 費 用	次期以降の費用となる額。前払保険料など	245 ページ
未 収 収 益	未計上となっている収益。未収利息など	251 ページ

負　債		
買 掛 金	商品を仕入れて、あとで代金を支払う義務	117 ページ
支 払 手 形	手形代金を支払う義務	148 ページ
借 入 金	お金を借り入れ、あとで返済しなければならない義務	192 ページ
未 払 金	商品以外のものを購入して、あとで代金を支払う義務	198 ページ
前 受 金	商品の販売の際に受け取った手付金	204 ページ
仮 受 金	内容や金額が未確定の現金などの受け入れ	210 ページ
未 払 費 用	未計上となっている費用。未払利息など	249 ページ
前 受 収 益	次期以降の収益となる額。前受家賃など	247 ページ

純資産(資本)		
資本金	元手。株主が出資したお金	188ページ

収　益		
売上	商品を売ることによって得られるもの	111ページ
受取利息	お金を貸した場合に受け取れる利息	189ページ
受取手数料	仲介などにより受け取れる手数料	219ページ
受取地代	土地を貸しつけている場合の収入	221ページ
受取家賃	建物を貸しつけている場合の家賃収入	221ページ
受取配当金	株式の配当金	221ページ

費　用		
仕入	商品を仕入れる(購入する)のにかかるもの	112ページ
支払利息	お金を借りた場合に支払う利息	192ページ
減価償却費	有形固定資産の減価償却の費用・償却費	158ページ
水道光熱費	水道代、電気代、ガス代など	214ページ
通信費	電話代、ハガキ・切手代など	214ページ
消耗品費	ノート、文房具、コピー用紙などの代金	215ページ
旅費交通費	バス・電車賃、タクシー代など	216ページ
交際費	取引先などに対する接待や贈答など	217ページ
広告宣伝費	ポスターやチラシなど広告宣伝にかかる支出	217ページ
給料	従業員に支払う給料	218ページ
貸倒損失	売掛金などが回収不能になった場合	241ページ
貸倒引当金繰入	売掛金などの回収不能額を見積り計上	242ページ

索 引

▼ あ

相手勘定科目 ……………………… 089
受取地代 …………………………… 221,259
受取手形 …………………… 126,146,258
受取手数料 ……………… 052,219,259
受取人 ……………………………… 145
受取配当金 ……………………… 221,259
受取家賃 ………………………… 221,259
受取利息 ………………… 052,189,259
売上げ ……………………………… 110
売上 ……………… 050,052,111,259
売上原価 …………………………… 237
売上帳 ……………………………… 091
売掛金 …………………… 048,115,258

▼ か

買掛金 …………………… 048,117,258
会計期間 ………………………… 037,057
掛け取引 …………………………… 114
貸方 ……………………………… 035,054
貸倒損失 ………………… 135,241,259
貸倒引当金 ……………………… 242
貸倒引当金繰入 ………………… 242,259
貸付金 …………… 046,048,189,258
株式 ……………………………… 152,187
株主 ……………………………… 187
借入金 …………… 046,048,192,258
仮受金 …………………………… 211,258
借方 ……………………………… 035,054

仮払金 …………………………… 207,258
為替手形 …………………………… 145
勘定 ……………………………… 088
勘定科目 ………………………… 048,064
間接法 ……………………………… 160
期首 ……………………………… 058
期首商品棚卸高 ………………… 238
期中 ……………………………… 058
期末 ……………………………… 058
期末商品棚卸高 ………………… 238
給料 ……………………… 052,218,259
繰越商品 ………………………… 238,258
経営成績 …………………………… 049
決算 ……………………………… 232
決算書 ……………………………… 044
決算整理 ………………………… 233,236
決算整理仕訳 …………………… 236
決算手続き ……………………… 069,232
決算日 ……………………………… 058
原価 ……………………………… 110
減価償却 ………………… 131,158,236
減価償却費 ……………………… 158,259
減価償却累計額 ………………… 162
現金 …………… 048,075,138,258
現金出納帳 ……………………… 091
合計残高試算表 ………………… 233
合計試算表 ……………………… 233
広告宣伝費 ……………………… 217,259
公債 ……………………………… 152
交際費 …………………………… 217,259
公社債 …………………………… 152
購入代価 ………………………… 153
小切手 …………………………… 141

260

国債・地方債	152	
固定資産	155	

▼ さ

財政状態	044
残高試算表	233,256
仕入れ	110
仕入	051,052,112,238,259
仕入帳	091
資産	036,044,046,048
試算表	069,093,233
支払手形	126,148,258
支払手数料	052
支払人	145
支払利息	052,192,250,259
資本	044,047
資本金	047,048,187,188,259
社債	152
車両運搬具	048,155,258
収益	036,050,052
収益の前受け	246
収益の未収	251
取得原価	153
主要簿	091
純資産	036,044,047,048,186
商標権	157
商品有高帳	091
消耗品費	052,215,259
剰余金	047
仕訳	035,054,075
仕訳帳	088,091
水道光熱費	052,214,259

精算表	251
総勘定元帳	088,091
ソフトウェア	157
損益計算書	033,044,254,257

▼ た

貸借逆の仕訳	120
貸借対照表	033,044,254,256
建物	048,155,258
単式簿記	021
帳簿	011,020
直接法	160
通貨代用証券	139
通信費	052,214,259
定額法	159
定期預金	139
定率法	159
手形	145
転記	068,088
伝票	092
当期純損失	037,254
当期純利益	036,053,254
当座預金	125,139,143,258
土地	155,258
特許権	157
取引	016,020

▼ な

名宛人	145

261

▼ は

売価 ………………………………………… 110
備品 ……………………… 048,075,155,258
費用 ……………………… 036,050,051,052
費用の前払い ……………………………… 244
費用の未払い ……………………………… 248
複式簿記 …………………………………… 021
負債 ……………………… 036,044,046,048
付随費用 …………………………………… 153
普通預金 …………………………… 139,258
振り出し …………………… 124,141,142
振出人 ……………………………………… 145
返品 ………………………………… 120,121
簿記 ……………………… 016,020,033,042
補助簿 ……………………………………… 091

▼ ま

前受金 ……………………………… 204,258
前受収益 …………………………… 247,258
前払金 ……………………………… 200,258
前払費用 …………………………… 245,258
未収収益 …………………………… 251,258
未収入金 …………………………… 195,258
未払金 ……………………………… 198,258
未払費用 …………………………… 249,258
無形固定資産 ……………………………… 157

▼ や

約束手形 …………………………………… 145
有価証券 …………………………… 129,152,258

有形固定資産 ……………………………… 155
預金 ………………………………………… 139

▼ ら

旅費交通費 ………………………… 052,216,259

【著者プロフィール】

前田 信弘（まえだ のぶひろ）

経営コンサルタント。ファイナンシャル・プランナー（1級ファイナンシャル・プランニング技能士、CFP®）。長年にわたり、経営、会計、金融、マーケティングなど幅広くビジネス教育に取り組むとともに、さまざまなジャンルで執筆・コンサルティング活動を行う。
主な著書に『改訂版 ボキトレ 日めくりドリル日商簿記3級』『改訂2版 マンガでやさしくわかる日商簿記3級』『改訂版 マンガでやさしくわかる日商簿記2級 商業簿記』『マンガでやさしくわかる日商簿記2級 工業簿記』『マンガでやさしくわかる会社の数字』（日本能率協会マネジメントセンター）、『知識ゼロからの会社の数字入門』『知識ゼロからのマーケティング入門』（幻冬舎）、『一発合格！FP技能士3級完全攻略テキスト』をはじめとした「一発合格！FP技能士シリーズ」（ナツメ社）などがある。

編集協力・シナリオ制作・本文デザイン／
ユニバーサル・パブリシング株式会社
カバーイラスト・作画／薄荷 通

マンガでやさしくわかる簿記入門

2019年5月30日　初版第1刷発行

著　者 —— 前田 信弘 ⓒ 2019 Nobuhiro Maeda
発行者 —— 張 士洛
発行所 —— 日本能率協会マネジメントセンター

〒103 - 6009 東京都中央区日本橋2 - 7 - 1　東京日本橋タワー
TEL 03（6362）4339（編集）／ 03（6362）4558（販売）
FAX 03（3272）8128（編集）／ 03（3272）8127（販売）
http：//www.jmam.co.jp/

装丁————ホリウチミホ（ニクスインク）
本文DTP——ユニバーサル・パブリシング株式会社
印刷・製本————三松堂株式会社

本書の内容の一部または全部を無断で複写複製（コピー）することは、法律で認められた場合を除き、著作者および出版者の権利の侵害となりますので、あらかじめ小社あて許諾を求めてください。

ISBN 978-4-8207-3168-9 C2033
落丁・乱丁はおとりかえします。
PRINTED IN JAPAN

明日の仕事が楽しくなる！
JMAM「マンガでやさしくわかる」シリーズ

経営

- ・マンガでやさしくわかる起業
- ・マンガでやさしくわかる 起業のための事業計画書
- ・マンガでやさしくわかる経営戦略
- ・マンガでやさしくわかる事業計画書
- ・マンガでやさしくわかる事業戦略
- ・マンガでやさしくわかる 中期経営計画の立て方・使い方
- ・マンガでやさしくわかるCSR
- ・マンガでやさしくわかる貿易実務
- ・マンガでやさしくわかる貿易実務 輸入編
- ・マンガでやさしくわかるU理論
- ・マンガでやさしくわかるコトラー
- ・マンガでやさしくわかるブルー・オーシャン戦略
- ・マンガでやさしくわかる学習する組織

法律・会計

- ・マンガでやさしくわかる試験に出る民法改正
- ・マンガでやさしくわかるファイナンス
- ・マンガでやさしくわかる会社の数字
- ・マンガでやさしくわかる決算書
- ・マンガでやさしくわかる日商簿記3級
- ・マンガでやさしくわかる日商簿記2級

役割・部門・業界の仕事

- ・マンガでやさしくわかる課長の仕事
- ・マンガでやさしくわかる経営企画の仕事
- ・マンガでやさしくわかる経理の仕事
- ・マンガでやさしくわかる人事の仕事
- ・マンガでやさしくわかる総務の仕事
- ・マンガでやさしくわかる病院と医療のしくみ

子育て・家族

- ・マンガでやさしくわかる 親・家族が亡くなった後の手続き
- ・マンガでやさしくわかるアドラー式子育て
- ・マンガでやさしくわかるパパの子育て
- ・マンガでやさしくわかるモンテッソーリ教育
- ・マンガでやさしくわかる子育てコーチング
- ・マンガでやさしくわかる男の子の叱り方ほめ方
- ・マンガでやさしくわかる 小学生からはじめる論理的思考力
- ・マンガでやさしくわかる 中学生・高校生のための手帳の使い方

心理

- ・マンガでやさしくわかるNLP
- ・マンガでやさしくわかるNLPコミュニケーション
- ・マンガでやさしくわかるアサーション
- ・マンガでやさしくわかるアドラー心理学
- ・マンガでやさしくわかるアドラー心理学 人間関係編
- ・マンガでやさしくわかるアドラー心理学2 実践編
- ・マンガでやさしくわかるアンガーマネジメント
- ・マンガでやさしくわかるメンタルヘルス
- ・マンガでやさしくわかるレジリエンス
- ・マンガでやさしくわかる傾聴
- ・マンガでやさしくわかる心理学
- マンガでやさしくわかる成功するNLP就活術
- マンガでやさしくわかる認知行動療法
- ・マンガでやさしくわかる公認心理師

ビジネススキル

- ・マンガでやさしくわかるチームの生産性
- ・マンガでやさしくわかる6時に帰るチーム術
- ・マンガでやさしくわかるPDCA
- ・マンガでやさしくわかるインバスケット思考
- ・マンガでやさしくわかるゲーム理論
- ・マンガでやさしくわかるコーチング
- ・マンガでやさしくわかるファシリテーション
- ・マンガでやさしくわかるプレゼン
- ・マンガでやさしくわかるプログラミングの基本
- ・マンガでやさしくわかるマーケティング
- ・マンガでやさしくわかる業務マニュアル
- ・マンガでやさしくわかる仕事の教え方
- ・マンガでやさしくわかる資料作成の基本
- ・マンガでやさしくわかる統計学
- ・マンガでやさしくわかる部下の育て方
- ・マンガでやさしくわかる法人営業
- ・マンガでやさしくわかる問題解決
- ・マンガでやさしくわかる論理思考

生産・物流

- ・マンガでやさしくわかる5S
- ・マンガでやさしくわかる生産管理
- ・マンガでやさしくわかる品質管理
- ・マンガでやさしくわかる物流